「愛国」の技法：神国日本の愛のかたち

神國日本
荒謬的愛國技法

一切都是為了勝利！
文宣與雜誌
如何為戰爭服務？
大東亞戰爭下
日本的真實生活

早川忠典 著
鳳氣至純平、許倍榕 譯

目次

譯者序

鳳氣至純平

進階版荒謬的決戰生活

本書是《神國日本荒謬的決戰生活》（神國日本のトンデモ決戰生活，遠足文化，二〇一八年八月）的續集。如書名所示，本書想告訴讀者，戰爭時期的日本政府如何讓民眾更加「愛國」，以及他們如何看待「愛國」這件事；換言之，他們認為哪些行為才算是「愛國」。這本書所介紹的內容，其實比上一本還要「荒謬」，甚至有許多內容不禁讓人產生這種感想：「這些宣傳、行為與戰爭有何關係？」每篇文章都採用看似呼應國策的口號式標題，而內容其實是「反串文」，作者早川忠典維持一貫的寫作風格——諷刺、調侃日本帝國「荒謬」的「愛國」行徑。

第一章〈高舉日之丸吧！〉介紹為了發揚國威並凝聚國民的團結，日本當局如何利用國旗「日之丸」。但作者同時尖銳地指出，當局在一九三八年發布「禁止濫用日之丸」的指示，反而顯示當時的日本國民其實對日之丸沒有太多重視，而且也從未確立關於日之丸的使用規範。回過頭來看當今日本「愛國人士」口口聲聲強調日之丸在日本歷史中的重要性和悠久性，而且自古以來日本國民多麼愛護日之丸等，作者的討論可說完全顛覆了這些說法。

第二章〈成為好的日本人吧！〉，光看各節標題，讀者便會覺得「難怪日本會輸」。「用君之代跳舞」、「國民合唱大會」、「抄寫勅語」、「遵守交通道德」、「學會西餐禮儀」等標語，對戰爭的勝利似乎沒有直接的幫助。「炸彈存錢筒」、「奢侈是可恥的」等吝嗇、寒酸的精神，以及只會教小孩「向神明祈禱」、「打著赤膊上課來鍛鍊身體」等精神主義，不禁令人懷疑他們維持戰爭的能力。不僅如此，太平洋戰爭剛爆發不久便推出〈決戰之歌〉，嘶吼「前進吧！一億！！我們是火球！！衝吧！！」還鼓勵士兵「抱著炸彈衝進敵陣」，這種毫不從容、虛張聲勢的態度，似乎預言了戰爭的結果。

第三章〈戰鬥到底！〉，以當時的經典口號「撃ちてしやまむ」為題，介紹生活各個面向的總動員，對「銃後」進行鋪天蓋地的宣傳活動。尤其針對學童、學生的動員，日本當局可謂不遺餘力，從「沒收幼稚園兒童的零用錢」、「稚兒隊」到呼籲小學生「搞清楚敵人」、「為產業戰士父親加油」、「聽軍艦大叔說故事」、「對日本刀抱持憧憬」等，甚至鼓勵女學生從事軍事訓練、寫慰問信，連小孩也被榨取，真夠可悲。

第四章〈雖然搞不太清楚，但還是要有愛國心〉，本章標題明確顯示，作者認為戰爭期間日本當局一連串的愛國宣傳策略，是一個無厘頭、莫名其妙的鬧劇，譬如帶希特勒青年團爬富士山，在山頂舉起日之丸與納粹旗。而這不禁讓人想起最近也有台灣政治人物主張在台灣的高山設置國旗台。或許在任何時代，社會都不會缺少這種令人無言的思維吧。

從紙屑裡挖出歷史，對當今社會提出警訊

如同第一本《神國日本荒謬的決戰生活》，表面上作者利用史料的「紙屑」來呈現歷史，但實際上他也發出警訊，當今日本社會隨時可能「倒退嚕」，回到過去的氛圍與離譜行徑。我認為作者並非「杞人憂天」。二〇一九年日本的大事之一就是新天皇即位，「令和時代」從此開始。六月筆者回國時，在某神社看到一排旗子飄揚，上面寫著「奉祝　天皇陛下御大典」（按：「御大典」為天皇的即位典禮），看到這個光景，宛如穿過時光隧道，回到戰前的日本。緊接而來的即位典禮、祝賀活動，動員了許多名人、偶像團體等。除此之外，日本每年都會票選「代表今年的漢字」，今年果然不出所料地選出「令」字。這一切彷彿都是為了營造「全國民集體祝賀，迎接新時代」的氛圍，這種「半強迫式、催眠式的」集體意識的塑造，與戰爭時期全體動員如出一轍。

愛國的技法在台灣

作者指出這些「愛國」宣傳還廣及日本的殖民地或其他佔領地，如「國民協和之歌」、「昭南神社」、「沒收亞洲朋友的儲蓄」等，他在書中對此提出批判。由此延伸，最後筆者想與讀者分享一本雜誌，是有關日本殖民統治下台灣的「防諜」

日本山口縣下關龜山八幡宮一排旗子飄揚，上面寫著「奉祝　天皇陛下御大典」。2019 年 6 月，攝影：鳳氣至純平。

政策。

〈小心間諜〉的單元介紹陸軍省製作的手冊《防諜》，其實同年在台灣台南也發行同名雜誌，這本在台南刊行的《防諜》是台南州防諜協會的機關刊物，該會會長是當時擔任台南州知事的川村直岡。雜誌刊登協會成立大會的致詞、在世界各地真偽難辨的間諜事件之外，也介紹了台南州防諜活動的概況，如新營支部在餐廳的筷子套上印了防諜標語。另外還有一些活動，誠如本書所介紹的日本內地版《防諜》一樣，不禁讓人懷疑其效果。例如頒布給民眾「防諜注意事項」的傳單內容，其中羅列以下兩項：

軍の機密に關聯すると認めらるる事項を絕對に口外せぬ事にしませう。
（絕不可洩漏可能與軍事機密相關的事情。）

機密書類、機密圖書などの反古は燒卻することにしませう。
（燒毀機密文件、機密圖書等廢紙。）

在此，筆者不禁想模仿早川的口吻問道：「一般民眾怎會知道軍事機密？又怎麼判斷它是否為軍事機密？什麼情形下手邊會有機密文件、機密圖書等廢紙啊？」

另外，耐人尋味的是協會嘉義支部的活動，支部向酒樓的酒家女、妓女募集宣傳防諜的俚謠歌詞。官方希望她們在宴會上唱這些「防諜俚謠」來宣導防諜思想。

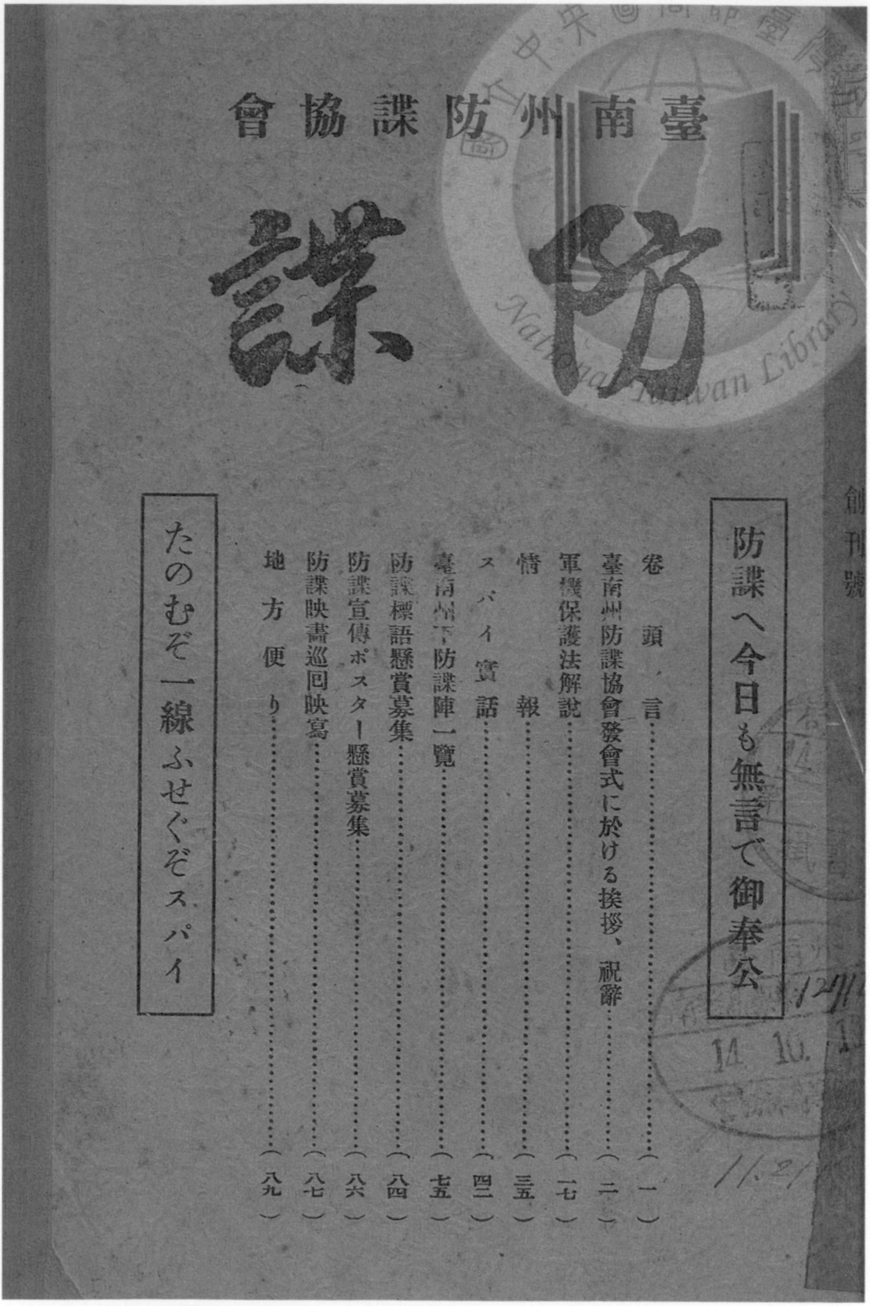
臺南州防諜協會

防諜

創刊號

防諜へ今日も無言で御奉公

卷頭言……（一）
臺南州防諜協會發會式に於ける挨拶、祝辭……（二）
軍機保護法解説……（一七）
情報……（三五）
スパイ實話……（四三）
臺南州下防諜陣一覽……（七五）
防諜標語懸賞募集……（八四）
防諜宣傳ポスター懸賞募集……（八六）
防諜映畫巡回映寫……（八七）
地方便り……（八九）

たのむぞ一線ふせぐぞスパイ

台灣台南州防諜協會的機關刊物《防諜》雜誌，昭和 14 年（1939）。

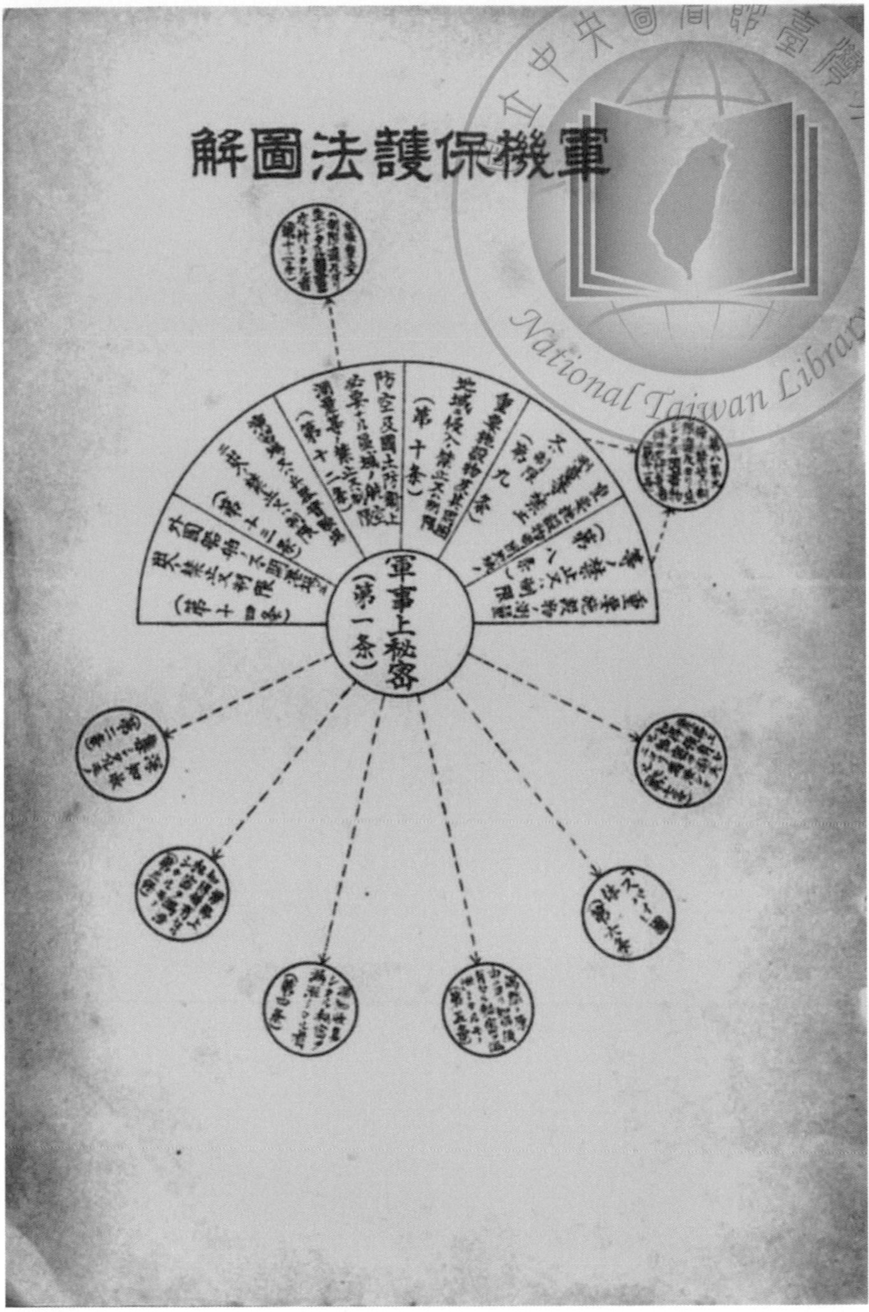

引自台灣台南州防諜協會《防諜》雜誌，軍機保護法圖解，昭和 14 年（1939）。

其中不少作品含有「自戒」的意味，亦即這些女性提醒自己在接待客人的過程中也不忘防諜，如「藝は賣れども　御國は賣らぬ　肌身離さぬ防諜マスク」（賣藝不賣國，防諜口罩不離身）等。這也令人產生同樣的疑惑，即「她們怎會知道軍事機密呢？」—「倘若真的知道，那不就是來此消費的軍方人士透漏的嗎？」真不知當局在想什麼，宛如承認日本的防諜工作一開始便漏洞百出。

在前一本譯序裡，筆者介紹早川的著作是「既輕快也嚴肅」的歷史著作，本書也是如此，讀者在嘲笑戰前日本的愚蠢行為之餘，或許也可思考今天的日本和台灣，是否也正在產生以「愛國」為包裝，仔細觀察後便發現其實是相當無厘頭的政治宣傳呢？

一

高舉「日之丸」吧！

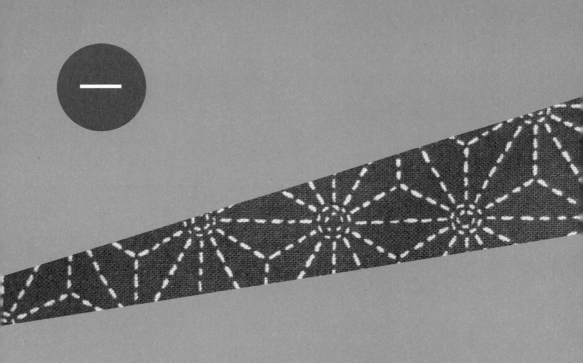

透過宣揚國威的「日之丸」展覽會學習吧！

昭和十二年（一九三七）秋天，「支那事變」爆發後，近衛內閣發動了促進國民鬥志高昂與投身經濟戰的「國民精神總動員運動」。宣傳口號是「舉國一致・盡忠報國・堅忍持久」。當時的大報社「大阪每日新聞社」與「東京日日新聞社」積極協助這個官製運動，並利用版面炒熱氣氛。

特別是昭和十三年（一九三八）的「建國祭」[1]，由此展開的〈日之丸行進曲〉宣傳活動，內容相當驚人。二月十一日才開始向民眾徵集歌詞，同月二十八日截止，三月十日「陸軍記念日」便很迅速地公布入選作品，而且在公布後僅僅一個月就發售唱片（勝利（Victor）唱片）[2]。在發售唱片前後，上述兩報社於日本東西部展開〈日之丸行進曲〉的盛大宣傳活動。

在東京，報紙接連報導「寶塚歌劇團」[3]（四月三日）、「笑的王國」劇團[4]（四月九日）的舞台上，當紅藝人歌唱〈日之丸行進曲〉的模樣。四月二十日至三十日，東京日本橋的高島屋百貨舉辦「宣揚國威『日之丸』[5]展覽會」。重頭戲是四月二十九日的「天長節」[6]，動員一萬人在皇居前的廣場上進行「日之丸大行進」。而在大阪，四月十日於甲子園球場舉辦了這首歌的「發表會」，《大阪每日新聞》更自誇是「撼動大鐵傘[7]的大合唱　高昂感動之聲」（《大阪每日新聞》昭和十三年四月十日）。

左頁．〈日之丸行進曲〉公布於昭和 13 年 3 月 10 日的《東京日日新聞》。評審之一的佐藤春夫[8]還發表了一篇名為〈謳歌國旗〉的空洞作品。

日の丸行進曲

本社懸賞募集當選歌發表

本社懸賞募集「日の丸行進曲」は募集期間の短かつたにも拘らず國民の愛國的熱情の迸りを如實に示して盲人の手になる點字の作詞をも含んで應募總數實に二萬三千八百五篇に達した、これが審査には慎重嚴選を期し豫選かの後八日夕東京會館において選者菊池寛、久米正雄、佐藤春夫の三氏並に審査顧問たる日本放送協會常務理事片岡直道、法學博士松波仁一郎、大日本聯合青年團理事長香坂昌康諸氏及び作曲家中山晋平氏の參集を乞ひ最終的嚴選を行ひ左の如く入選作及び佳作二篇を確定した、入選作は三選者の言葉にもある通り募集の目的に適合した理想的歌詞を得、これを記念すべき發表することが出來たことは欣快の至りである、なほ選者の一人佐藤春夫氏が應募の人々に和して「國旗を謳ふ」歌を作り本社に寄せられたことはこの擧の企てにおいて稀有のことであり日本全國民が「日の丸」旗の姿に燃えてゐることを事實に物語るものであつて、應募者並に各選者、審査顧問諸氏に對し本社はこれらの秀作を得たことに深き感謝の意を表する次第である

入選（賞金一千圓）・ 新潟縣北蒲原郡中浦村天王 有本憲次

佳作（賞金各二百五十圓）

第一席 滋賀縣八幡町本町五丁目 中村又一郎

第二席 東京市世田谷區上北澤町三の一一〇六 福井孝

入選歌

有本憲次

（一）母の背中にちさい手で
振つたあの日の日の丸の
遠いほのかな思ひ出が
胸に燃えたつ愛國の
血潮の中にまだ殘る

（二）梅に櫻にまた菊に
いつも掲げた日の丸の
光仰いだ故郷の家
忠と孝とをその門で
誓つて伸びた健男兒

（三）ひとりの姉が嫁ぐ宵
買つたばかりの日の丸を
運ぶ簞笥の抽斗へ
母が納めた感激を
今も思へば眼がうるむ

（四）去年の秋よつはものに
召出されて日の丸を
敵の城頭高々と
一番乘りにうち立てた
手柄はためく勝ちいくさ

（五）永久に榮える日本の
國の章の日の丸が
光そゝげばはてもない
地球の上に朝が來る
平和かがやく朝が來る

佳作

中村又一郎

（一）
揚げよ　仰げよ
蒼空へ　高く
ひらめく　日の丸
日本の　姿
湧く　明るい
我等の　心

（二）
振れよ　翳せよ
魂　こめて
はためく　日の丸
日本の　力
強く　正しい
我等の　誇り

（三）
立てよ　進めよ
世界の　果へ
きらめく　日の丸
日本の　光
共に　榮えん
我等の　希ひ

福井孝

（一）
ひむがしの空はのぼのと
東亞の天地あけゆけば
七つの海にさきがけて
大和島根に限もなく
東雲裂きて日は出でぬ
見よや日出づる國の民
我等の守り日の丸は
曉の空に輝けり

（二）
あゝ諸々の國は朽ち
世々の波間に呑まれたり
今亞洲の島ヶ根に
妖風狂しく亂れ飛び
怒濤交々寄する時
輝けや日出づる國の民
我等の希望日の丸は
嵐の中にはためけり

（三）
あゝ日の本のますらをが
赤き血潮に染めなしゝ
日の丸の旗翩翩と
征くは萬里の城なるか
蜿蜒江河の涯なるか
いざや諸人うちつれて
わが日の丸をたゝへなむ
わが日の丸をたゝへなむ

（四）
今おごそかにひるがへる
雄々し美はし日の御旗
心一つに仰ぐ時
日本人の血は湧きて
祖國の護り誓ふなり
いざや諸人うちつれて
わが日の丸を護らなむ
わが日の丸を護らなむ

選者の言葉

菊池寛

今度の懸賞歌は割合に好成績であつた、入選作は美しく優しいセンチメントが盛られ何人にも親しまれそうに違ひない、嫁ぎゆく姉の簞笥に入れられる日の丸の旗、このアイデイアは創意的なものでこの歌の流行とゝもに嫁入りの場合一つの心得となるだらう、選外佳作の短かい方はよく整つてゐるが余りに短かくて感情が湧かない憾みがある、長い方は文學的によく整つてゐる、それらの秀作を得たことは選者として欣ばしいことだ

久米正雄

數が多い割に文句なしに傑出した歌が少いので入選第一作を決定するのに苦心した、結局懸賞の明文にもある通り萬人の容易に傳はる可能性のある平易で感激に富むくだけたのを主張した、幸に選者兩氏並に審査顧問諸氏の賛同を得て第一席に推し得たのを欣快に思ふ、大抵の場合ならばかういふ種類の歌が第二位に甘んずるのが常だのにこれを思ひ切つておし立てたのを買つて貰ひたいと思ふ、佳作第一席の歌は簡潔明快少しの厭味のないのとかねゝゝ日本の行進曲風のものが余り歌詞が長過ぎるか離し過ぎるのを感じてゐる小生はこれでエール風の作曲にでもなつて新しい行進曲の生面を拓くことを期待して進んでこれを推薦した、第二席のは本格的、長いのが難だがこの種の抽象的美辭麗句中では何といつても捨てかねた

佐藤春夫

一長一短、一篇だけを當選と決めにくいが結局比較的感情が豊かで大衆に親まれるかと思へるものを有本憲次君の作に認めて募集の趣意に最適といふので採つた、中村君の明快なもの、福井君の本格的な趣のあるものを選外佳作の二篇とした

松波仁一郎

審査顧問 法學博士

何分日の丸のことであるから注意に注意を加へねばならぬ、二萬余の應募歌から菊池、佐藤、久米三氏の選したものゆゑ殆ど完全に近いものと思ふ、これに立派な譜をつけて意義ある旗行列を催してその壯大いに歌ひたい

國旗を謳ふ

佐藤春夫

（東京日日新聞社の需によりて日の丸行進曲を選びし夜、旺んなる諸歌に和してわれも）

青空高くひるがへり
白地はなんとさわやかな
何を證のこの色か
汚れぬ者を現した
濁りなき世を現した
げにこの旗の下にして
もの皆命榮えたり
きのふも今日も明日の日も

白地に丸のくつきりと
正しく強く美しい
何のしるしのくれなゐか
燃ゆる正義を象つた
盡くす忠義を象つた
げにこの旗の下にして
男兒は笑みて死ぬるなり
むかしも今も後の世も

東京日日新聞社・大阪毎日新聞社

跟著「日之丸」的主題曲跳舞吧！

從昭和十二年（一九三七）到十三年（一九三八），「大阪每日新聞社」與「東京日日新聞社」不斷以「日之丸」為主題，舉辦發揚國威的活動。這些活動與當時國民精神總動員運動（精動）有密切的關聯。因為精動的目標之一就是喚起國民對「日之丸」的敬意，並鼓勵每個家庭在祝祭日[1]懸掛「日之丸」。事實上，這個運動的中央聯盟本部頒布給各家庭的「家庭報國實踐十三要目」裡便明示：「二祝祭日時正確地懸掛國旗吧。」

或許讀者會感到很意外，因為當時每個家庭在祝祭日懸掛「日之丸」的習慣尚未普及，所以才需要特地明示這種實踐目標。除了各種儀禮與公家機關之外，對大部分的日本人而言，「日之丸」可能和「紅白布條」差不多，是一種慶祝道具。政府對此感到焦慮，於是偷偷地調查面向大馬路的家庭裡有多少戶懸掛「日之丸」。而且資料顯示，當時相關人士還得意洋洋地以祕密文書報告他們透過國民精神總動員運動的大型活動，讓懸掛「日之丸」的家庭倍增。[2]

他們不但製作了〈日之丸行進曲〉，還如左圖特地編舞來加以推廣，這種令人感動流淚的努力背後，原來有這種內幕啊。

左頁．將〈日之丸行進曲〉改編為舞蹈版並呼籲「來，每個家庭都來跳舞吧！」的報導。
《大阪每日新聞》昭和 13 年 4 月 12 日。

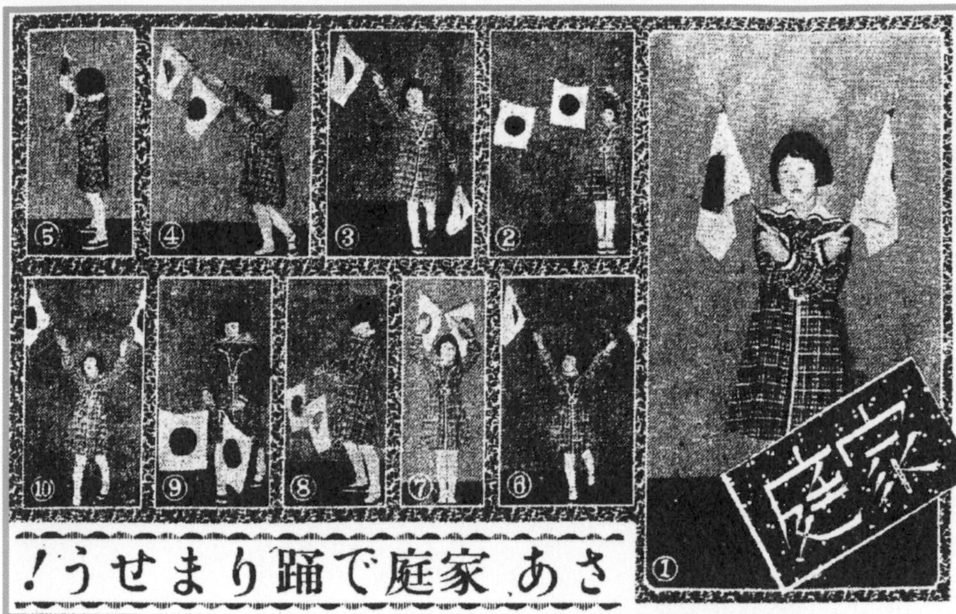

さあ家庭で踊りませう！

舞踊化された"日の丸行進曲"

家庭で學校で手輕く踊れる 子供本位の明るい振附

本社選定歌

光輝、世界に冠たるわれらが國旗"日の丸"への限りなき讃仰を謳へた本社選定歌"日の丸行進曲"は去る九月甲子園における發表大會以來、その雄壯の歌詞、勇壯の節調は忽ち全國津々浦々に感激の渦を捲げて今や「進軍の歌」「露營の歌」とならぶ國民的愛唱歌として發揚しようとしてゐるが、これを童心の世界に反映させ舞踊化させた兒童舞踊"日の丸行進曲遊び"が生れた―子供本位の簡單な振附だけに家庭に學校にステージに自由に手輕く踊れるところが生命である（振附者は島田豐氏で九日甲子園で發表された）

歌詞の精神を體して雄壯活潑に踊つて下さい、兩手に日の丸の旗をもつて一人でも團體でもよろしい、元氣にしかも愉快、新鮮な氣分で踊りませう、振は二通りあります、それを交互に繰返すのです

母の背中に
兩手胸上で交叉さし踵立てゝ足踏み四歩なす（寫眞①）

ちさい手で
踵立のまゝ兩手頭上にて右左右と三回振る（寫眞②）

振つたあの日の日の丸の
右足より四歩斜前へすゝむ、右足一歩出しホップ、右足後曲右手斜上に伸べ、左手後へ伸す右左交互に二回づゝ（寫眞③）

遠い
右足一歩右に出し兩手斜上より左右に半円描きつゝおろし、次に左足右足の右に出し、兩手右斜上に伸す（寫眞④）

ほのかな
この姿勢で待つ

思ひ出が
右方へ反對に同じ動作をなす

胸に燃えたつ愛國の
右足より四歩後へ退く、右足一歩強く引き兩手後斜上に伸す、右左交互に二回づゝ（寫眞⑤）

血潮の中に
兩手内まげ體側にとめて四歩にて一回轉する

まだのこる
正面向き右足一歩右に出しホップ左足後伸兩手斜上に伸す（寫眞⑥）

左方へも反對に同じ動作をなす

梢に梢に
右足一歩右に出し、兩手右斜上に強く伸す、次に左足右足につけ兩手左斜下に伸す、この動作さらに一回右になす（即ちフォーロースステップ二歩なす）

また春に
左方へ反對に同じ動作をなす

いつも掲げた
兩手胸まげ、體前にかついで四歩前へすゝむ

日の丸の
止つて兩手左右に伸し次に頭上にて交叉さす（寫眞⑦）

ひかり
右足一歩引き、兩手前より後へ大きく廻し、後斜下に伸ばす（寫眞⑧）

仰いだ
左足一歩引き、兩手頭上を通して左斜下に廻す

くにの家
同じ動作さらに二歩後へなす

忠と孝とを
兩手内まげステップにて四歩右方へすゝむ

その門で
右斜むきとんで右足一歩前に出し體を前に倒し兩手下で前後交叉さす（寫眞⑨）次に足はそのまゝで兩手斜上に伸ばす（寫眞⑩）

誓つて伸びた健男兒
左方へ反對に同じ動作をなす

出嫁日準備「日之丸」吧！

這幅繪本裡的畫面，描述〈日之丸行進曲〉歌詞裡這個片段：

姊姊出嫁的夜晚，母親將剛買回來的日之丸收進嫁妝的櫥櫃裡，
如今回想起當時的感動，仍不禁熱淚盈眶。

年老的母親為了出嫁的女兒，特地購買全新的「日之丸」讓女兒帶走。想想這個背景，實在耐人尋味。我不知道是否有將「日之丸」當作嫁妝的習慣，或許是新郎即將出征，因此它是送行用的「日之丸」。若是如此，母親悄悄收在衣櫃的「日之丸」，其實象徵著明明是新婚卻馬上要離別的苦悶、寂寞……，我不禁產生各種想像。

如果故事的背景是遵循「只要建立家庭，就一定要準備『日之丸』」這種當時強烈鼓勵家庭懸掛國旗的國策，那麼為何送走姊姊的「弟弟（或妹妹）」會如此感動呢？這是軍國少年從讓姊姊帶走「日之丸」的老母親身上，發覺到愛國者面向時的感慨嗎？無論如何，以身為愛國者為傲的諸位，在女兒出嫁時一定要讓她帶上「日之丸」，是這樣的意思吧。

左頁．引自林義雄《軍歌繪本日之丸行進曲》（春江堂），昭和16年（1941）。右方欄外寫著「家家戶戶一都要備妥日之丸。然後為了國家一起歡喜、一起慶祝吧！好好珍惜日之丸吧」。

一家に必ず日の丸を備へませう。そして國の爲に共に喜び、共にお祝ひいたしませう。日の丸は大切にいたしませう。

(三)

ヒトリノアネガトツグヒヨ
カッタバカリノヒノマルヲ
ハコブタンスノヒキダシヘ

以「日之丸」玩遊戲吧！

昭和十三年（一九三八）一月，內務省圖書課以書面下達「禁止濫用日之丸」的命令。這項命令列舉了「國旗上不可書寫文字」、「不可當作小道具的圖案」等禁止事項。

昭和十二年（一九三七）七月國民精神總動員運動展開之後，首次迎接紀元節（二月十一日，如今改名為「建國紀念日」而留存下來），當局在大肆展開「『家家戶戶懸掛國旗吧！』的宣傳活動」時所發布上述的命令，是一個劃時代的統制策略，讓向來堪稱無拘無束使用「日之丸」的日本民族傳統就此斷絕。

報紙與高采烈地報導內務省命令，其實不久前才刊登以下「濫用國旗」的企劃文章。

這裡所謂的「日之丸遊戲」，是指蒙上眼睛將布製的紅色圓圈準確地黏貼在白旗上，簡單來說是「日之丸福笑」[1]。不知紅色圓圈能否黏在白旗上，總之是一項突發奇想的遊戲。重點是「它有那麼好玩嗎？」或許從「當時的價值觀」來看，這是一個會令人捧腹大笑的遊戲吧。

除此之外，報紙還介紹了每次使用時都會噴發愛國心的「日之丸手帕」。由此可見，國民精神總動員初期出現「只要是為了發揚國威，什麼都可以」的氛圍，而且是由報社率先醞釀的。

左上.〈事變下的過年　日之丸遊戲〉的文章。《東京朝日新聞》昭和 13 年 1 月 1 日。

左下.在「日之丸」統制之前曾推出這種愛國手藝產品。〈非常時女性的氣魄　日之丸手帕〉，《東京朝日新聞》昭和 12 年 9 月 4 日。

事變下のお正月
日の丸あそび
だれが一番上手でせう

☆…先づ畫用紙を丸く切り拔き、それを眞赤に染て裏にネルの布を貼りつけるのです。それから壁の適當な場所に、やはりネルの布で矩形に切つたものをピンで止めます。

☆…これで準備は萬事オーケーで、一人づつ目かくしをして丸い紙を持つて行き、手さぐりでうまい工合に押しつけ日の丸をつくるのです。ネルとネルはピッタリくつついて離れませんから糊やピンがなくとも大丈夫です。

☆…そして衆議一決、立派な日章旗と認めたら御褒美をいただき、まづかつたら罰として余興をやらされるのです。

非常時女性の心意氣
日の丸ハンカチ

昨今の 非常時風景に際會して、たとへ女性としてもボンヤリ立つて見てゐるのも濟まない氣がしますし、どうして良いか分らない氣持を胸一杯にして立ち竦す事が度々あります。こんな場合、何か日本女性にもふさはしい態度で、國の爲に出征される兵士の前途を祝すことが出來ればどんなに氣も晴れる事か

そんな 時、厭味でない程度に圖案化された日の丸模樣の刺繍ハンカチーフを振つて無言の內にも一般女性が無關心でない證據を示す事が出來たなら嬉しいと思ひます。

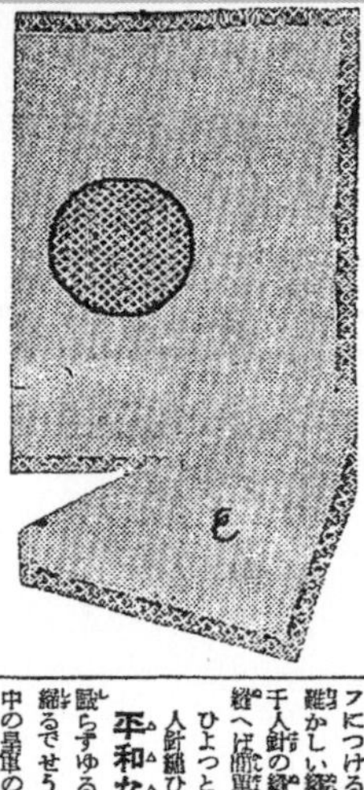

その刺繍の仕方は、色の落ちない六本撚りのフランス刺繍糸を二本にほぐしたもので、日の丸の周圍を鎖繍ひとし、丸の中を十字刺や運針繍で埋めます。

これなら圖案としてもスマートですし、振る時には日の丸の國旗になります。

もう一つ は、普通ハンカチーフにつける頭文字刺繍は、特殊な難かしい繍方をするのですが例の千人針の縫ひ方、玉繍ひを繋げて縫へば簡單に頭文字がかけます。

ひよつと汗を押へる瞬間、此千人針縫ひの頭文字が目につけば

平和な 內地にゐて知らず識らずゆるむ氣持も何となしに引締るでせうし、其都度戰地で活躍中の皇軍の方々の上にも思ひは走つて心から歡謝するきつかけにもなりませう。非常時の秋にふさはしいハンカチーフ二枚(富田榮子氏談)【寫眞は日の丸ハンケチと千人針イニシヤル】

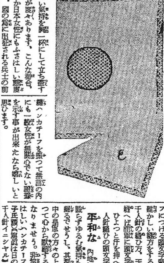

珍惜鄰居「日之丸爺爺」吧！

昭和十三年（一九三八）八月，國民精神總動員運動如火如荼展開，鹿兒島市草牟田尋常小學校（現為鹿兒島市立草牟田小學校）自行編纂了補充教材《軍國裡綻放的花朵　致少年少女的支那事變讀物》。

根據該書的編輯後記，該校相關人士山下某將時局新聞改編為兒童故事的「新聞童話」（！）刊登於當地報紙上，這本書是為了草牟田尋常小學校而特地篩選「支那事變」的相關作品編輯而成。從現在的角度來看，很難想像這是一本為了一所小學校而特地出版的書，可見當時為了這些承擔日本未來的兒童，多麼積極地進行戰爭教育啊。

以下引用的〈日之丸爺爺〉是書中最令人印象深刻的文章，描述怪人鄰居在非常時局下變成了愛國者，是一則溫馨的故事。鄰居口中的「日之丸阿伯」（日の丸ぢいさん），顯然是這位超級怪人的綽號，一旦被當作美談，便改稱為「日之丸爺爺」，宛如童話故事中登場的人物。

將日之丸插在屋頂，或許還有別的例子，但這位水谷庄六先生驚為天人之處，就是他種田時將「日之丸」插在田地上。與其說是「國旗」，不如說把它當成「護身符」、「去魔符」來使用，是相當罕見的案例。

左頁．引自草牟田尋常小學校編《軍國裡綻放的花朵　致少年少女的支那事變讀物》（昭和 13 年），「日之丸爺爺」單元。該書將野田毅中尉與向井敏明少尉的「百人斬競爭」當作「令人熱血沸騰、心情開懷的故事」來介紹。

日の丸おぢいさん

『やあ日の丸おぢいさんが來た』
といふので、見ると、向ふから國旗をかついだおぢいさんがやつてくるのです。このおぢいさんは、桑名市の水谷庄六といふ七十五になるおぢいさんで、五六年前からおうちの屋根に國旗を立てて、朝晩ていねいにおじきをしてゐます。

また、野良に仕事に行く時は、國旗をかついで行つて、それをそばに立てて仕事をしますので、人々は『日の丸ぢいさん』と呼んでゐるのです。

おぢいさんは會ふ人毎に
『私たちが、こんなに安心して暮せるのは、皆この日の丸のおかげですよ』
と、國旗のありがたいことを話してゐます。

なんと感心なおぢいさんではありませんか。

好好珍惜日本的祝日、祭日吧！

昭和十二年（一九三七）十二月二十三日，政府發布通知，將實施「國民精神第二回強調週」。指示翌年昭和十三年（一九三八）二月十一日的「紀元節」（現為「建國記念日」）起，將進行為期一週「強調日本精神昂揚」的宣傳活動。當時企畫「紀元節」的國家儀式，是日本史上首次以動員全體國民為目標的劃時代媒體活動。

該計畫將日本上午十點（後來改為八點）定為「國民奉祝[1]的時間」，「各類學校」、「市町村」將舉行紀元節奉祝活動，收音機也會播送特別節目。除此之外，不參加活動者也有義務在警報聲、汽笛、打鐘的號令下朝宮城遙拜（即向皇居的方向拜禮）。全體國民在同一時間參與同一儀式，目的是以此製造情感上國民一體感。「學生、學童、兒童」必須「參與愛國行進等團體運動」，身體也被要求感受共同性，目的也是一樣的吧！

當局為了好好教導大家這些國家級大動員活動的意涵與意義，大量刊行了祝祭日相關的啟蒙出版品。在此列舉「大東亞戰爭」時期的兒童繪本，其中不斷重複地訴說「身為日本人奉戴天皇的喜悅」。

無論如何，以昭和十三年的國民精神總動員運動為開端的「國民奉祝的時間」模式，在「大東亞戰爭」時期當然不用說，即使如今已改變型態，但仍以一種國家禮儀的形式殘留下來。

左頁．引自繪本《日本的祝日．祭日》（大日本雄辯會講談社），昭和 19 年（1944），〈四方拜〉單元。文中提及「『祝日』與『祭日』時必須懸掛日之丸旗」。

日本デハ「シュク日」ト「サイ日」ガ キメラレテ キマス。
「シュク日」ハ 國ノ オイハヒ日 デス。コノ 日ハ、日本中 ソロッテ、天皇陛下 ノ オヲサメ ニ ナル 日本ガ カギリナク サカエテ イク コト ヲ イハヒマス。
「サイ日」ハ 國ノ オマツリ日 デス。コノ 日ハ、天皇陛下 ノ ゴセンゾ デ アラセラレル 神神、ダイダイ ノ 天皇 ノ ミタマ ヲ ハジメ、テンチ ノ 神神ヲ ココロ カラ オマツリ イタシマス。
「シュク日」ト「サイ日」ニハ、日ノ丸 ノ ハタ ヲ タテマス。ソシテ、「シュク日」ニハ、オイハヒ ノ シキ ヲアゲ、「キミガヨ」ヲ ウタヒ、天皇陛下 ノ オイデ ニナル キュウジャウ ヲ ヲガミマス。ソシテ、「天皇陛下バンザイ」ヲ トナヘマス。
マタ、コノ ホカ ニモ 日ノ丸 ノ ハタ ヲ タテル「キネン日」ヤ「オマツリ日」ガ アリマス。コレ カラ、一ツ一ツ、ソノ ワケ ヲ オハナシ イタシマセウ。

一起來唱國民協和之歌〈日之丸兄弟〉吧！

若因為歌名是〈國民協和〉，而以為這是一首以「各位國民請好好相處吧」為旨趣的歌，那就大錯特錯了。事實上，這首歌是在戰時體制下呼籲居住在日本內地的朝鮮人：「給我好好地在日之丸之下幹活吧！」

製作這首歌的「中央協和會」，昭和十四年（一九三九）將內務省、警察機構等各縣市的在日朝鮮人統制機關統合而成立的單位。當時（昭和十三年）居住在日本內地的朝鮮人勞動者高達七十七萬人，該團體的主要任務是他們的勞動爭議、失業問題等勞務對策，目的在於「使他們鍊成皇國國民的資質，為戰時下的國策奉公，成為有為的人才」（中央協和會編《協和事業年鑑昭和十六年版》〈緒言〉，中央協和會，昭和十七年）。這種皇民化政策的象徵，即為「紀元二千六百年奉祝全國協和事業大會」上發表的〈日之丸兄弟〉這首歌。

歌詞清楚地顯示了由上而下的眼光。從第一段強調人情味的「促膝而談／咱們和藹的兄弟／來喝一杯熱茶」開始，第二段夾雜國民意識的涵養「來！咱們團結在一起／站在日之丸中間／一起向前邁進吧」，第三段的結論是「無窮的一視同仁／奉賜御稜威[1]的兄弟／融合在一起／如今便是飛躍的一刻／以汗水鍛鍊的大東亞／我們一同振興／它將屹立不搖」。意思是：給我在天皇之下好好揮汗工作吧。「咱們兄弟」的呼喊，也是從「兄」的日本針對「弟」的朝鮮人的話，充分表達令人作嘔的帝國主義式兄弟關係。

頁 29.〈國民協和之歌日之丸兄弟〉（中央協和會），昭和 16 年（1941）5 月發行。
頁 30.〈國民協和之歌日之丸兄弟〉歌詞。這份傳單也附上該曲的樂譜。

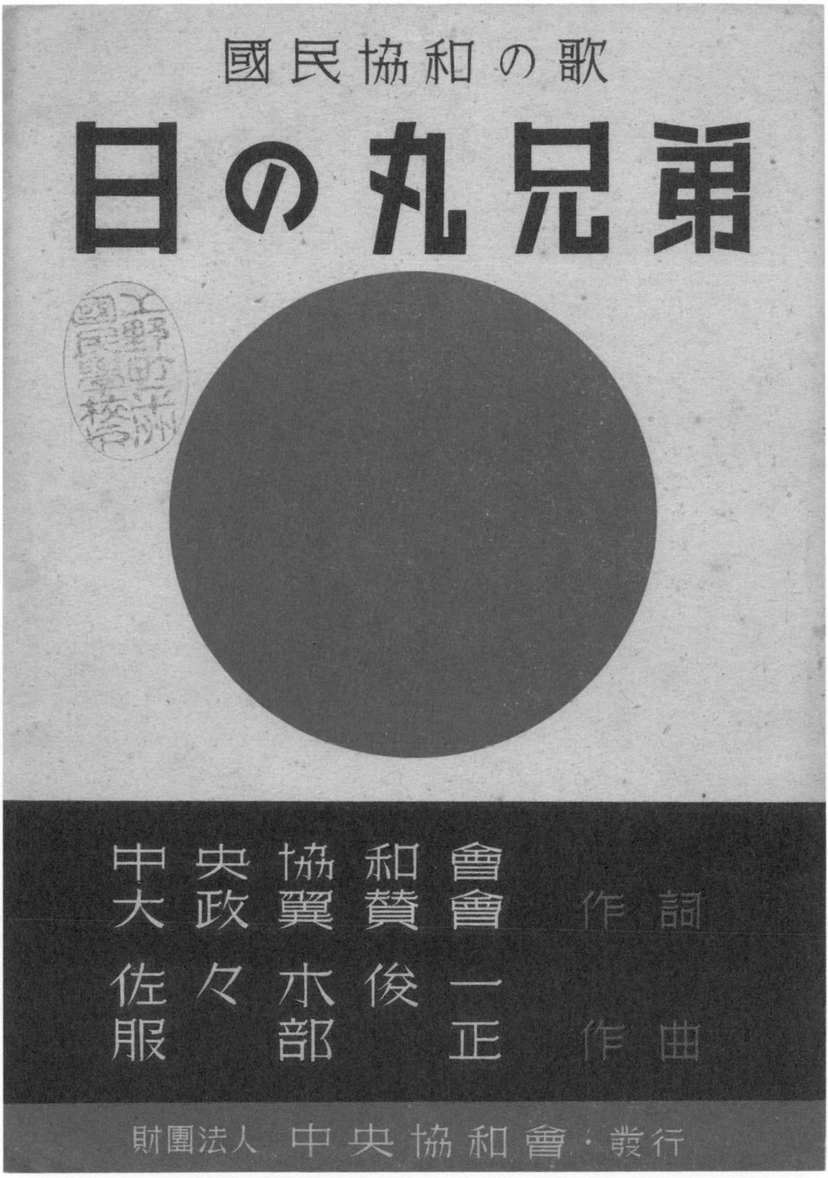
國民協和の歌

日の丸兄弟

中央協和會
大政翼贊會 作詞

佐々木俊一
服部正 作曲

財團法人 中央協和會・發行

國民協和の歌

日の丸兄弟

一、なれぬ言葉に　しきたりに
故郷離れた　明け暮れは
こゝろ淋しい　日もあらう
膝を交へて　ほがらかに
熱い番茶の　ひとつでも
ともに汲まうよ　兄弟よ

二、おなじ光に　照らされて
くろい瞳に　くろい髪
通ふ血潮は　昔から
さあさ日の丸　まん中に
立てゝ仲よく　勇ましく
ともに行かうよ　進まうよ

三、一視同仁　窮みない
御稜威いたゞく　兄弟が
融けて飛躍の　時は今
こぞる總力　勤勞の
汗に鍛へて　大東亞
ともに興さう　搖ぎなく

降低生活品質，升起日之丸吧！

這是一個簡單明瞭地點出「日之丸」本質的傑出廣告。廣告中所謂「升起日之丸吧」，是指佔領更多亞細亞地區並豎立起「日之丸」旗。廣告的主旨是：為了支持日軍進擊，應「降低」國民的「生活品質」，努力省吃儉用，好將戰略物質送往戰地，並將金錢投注於儲蓄、保險來籌措戰爭費用。

事實上，在「大東亞戰爭」前半段，每當報導菲律賓、印尼、新幾內亞、緬甸等地「皇軍的赫赫戰果」時，總會附加插著許多「日之丸」的亞細亞地圖。有些人或許會感到納悶：「明明說是為了解放亞細亞而戰，為什麼還插上一堆『日之丸』，把它們視為日本所有啊？」總之，戰爭說到底就是搶奪領土，所以大部分帝國臣民都歡天喜地喊著：「贏了！贏了！」

推出本廣告的「富國徵兵」，是富國徵兵保險相互會社。戰後改為富國生命保險相互會社，現今則是「フコクしんらい生命」（富國信賴生命）。所謂徵兵保險，是指男子出生後開始積儲保險金，到了徵兵年齡且確定入伍，就可以領取保險金。看起來似乎以此充當入伍所需的各種費用。徵兵保險的公司當然發大財了，在靖國神社的大燈籠上以捐贈者之姿銘刻了公司的名稱。

每當我在學校等看到呼籲「升起日之丸吧」的愛國政治家，便會想起這則廣告。

下頁．刊登於《家之光》昭和 18 年（1943）6 月號（產業組合中央會）的廣告。順便一提，最上方的「オバホルモン」（obahorumon），是以懷孕馬匹的尿液為原料。

強力女性ホルモン
一週……一萬國際單位含有
生理不順・不妊症・神經衰弱……等に
內服 注射 パスタ
オバホルモン
製造發賣元 株式會社 帝國社臓器薬研究所 (武田販賣品)
日の丸上げよ
生活下げて
富國徵兵
理想の國民貯蓄
新しい液状のクリーム
肌アレに
ビタミンADを始め優秀な科學的綜合美容成分が附けるとすぐ皮膚にしみこむ。
粉化粧下
クリーム・ローションは既に婦人方の常識です。
定價一圓(稅共)
東京 大阪 桃谷順天館
明色クリーム ローション
撃ちてし止まむ
護れ家畜を！
御國の楯だ
農林省規格
コロイド・カルシウム
保健と育成に
コロイカル
家畜榮養飼料素
牛馬羊豚、兎や鶏を丈夫に育て畜産の福利増進のため、ぜひコロイカルを御ためしあれ
費用僅少・效果絶大
內地㊣二瓩入 一圓十五錢
內地送料 四十錢
他に德用廿五瓩入り有
▲知名藥店・飼肥料店にあり
說明書進呈
東京市日本橋區横山町一〇兩ビル
榮養興業株式會社
振替東京九七七五九番
—廣告—

拿著「日之丸」突擊吧！

「糟了！」被稱為魔鬼的剛勇之士瀧澤七十郎大尉，連拿在右手的刀子都不禁摔落。猛然一看，遭敵方子彈射中的右臂已被鮮血染紅了。再也不能揮舞指揮用的軍刀。

「好吧！」大尉馬上用左手握著一隻軍扇。

「上！跟我來！」此時大尉左手上張開的是白底與赤紅的日之丸……

這是作為「支那事變」戰場美談，刊登於《家之光》雜誌昭和十三年（一九三八）十月號（產業組合中央會）卷頭的瀧澤大尉英姿。此圖是以《少年肯亞》（原著山川惣治）著名大畫家梁川剛一[1]的力作，卻是相當悲慘的作品。總覺得跟在大尉右後方的士兵，一臉拚命忍住不笑的表情。

這也是顯現日之丸神聖力量的插曲嗎？軍部公關部門蒐集並彙整這些戰場美談，提供給內地的新聞媒體，宣傳力實在驚人。陸軍相關人士連這種小插曲都當作美談，寫成正式的新聞稿發給媒體，還有認為「這個故事實在太棒了」，而著手策畫並委託畫家梁川作畫的《家之光》負責人，他們到底想表達什麼呢？

無論如何，結果這次突擊大功告成，最後一幕是：「我國士兵仰望著魔鬼大尉單手揮舞的日之丸軍扇，帶著滿腔的感動高喊好幾聲萬歲。」明明是「戰場美談」，我卻完全無法產生「這真是一則好故事」的讀後感啊。

下頁．〈日之丸的軍扇〉，引自《家之光》，昭和13年10月號（產業組合中央會）。

その後の戰場美談

日の丸の軍扇

「しまつた！」今突擊の先頭を驅けながら、鬼と呼ばれる剛勇、瀧澤七十郎大尉も、思はず右手の太刀をとり落した。見れば、敵彈に貫かれた右腕は鮮血に彩られてゐる。もう指揮の軍刀を振ることは出來ない。

「よし！」咄嗟に大尉は、殘る左手に一本の軍扇を握りしめた。

「續け！」その時大尉の左手高くさつと開いたのは、白扇に染めぬいた眞紅の日の丸…見よ、その日の丸は陣頭に立つて、まつしぐらに敵陣へ突擊して行くのだ。

「それツ！　部隊長を打たすな！」軍刀に代るこの日の丸の軍扇に氣負ひたつた我が勇士は、喊聲もの凄く、肉彈となつて敵陣に躍りこんだ。白兵戰！　忽ち築く屍の山。二晝夜にわたり必死の抗爭を續けた頑敵も、この猛襲に遂に浮足立つて潰走した。

蔣介石が漢口防衛の第一線と頼んだ鳥徑山の堅壘の上だ。鬼大尉が隻手にかざす日の丸の軍扇を仰いで、我が將士は幾度か感激の萬歳を絶叫した。

梁川剛一畫

用心感受「日之丸」的力量吧！

即使在戰時也有「暑假」，當然也有「暑假作業」。那些以「暑假之友」等名稱保留至今的綜合型暑假作業簿裡，充斥著當時各縣市想方設法穿插軍國美談、讀來令人蕩氣迴腸的內容。以下介紹神奈川縣教育會發行的《昭和十五年度　夏季學習帳》（昭和十五年）中所刊登的短篇故事〈日之丸的力量〉。

潛入敵營的日本兵，偷偷將旗桿上的「支那國旗」調換成「日之丸」。其他見狀的日本士兵立刻勇氣百倍地說：「是日之丸！是日之丸！大家前進！前進！」接著突擊敵營，打得敵方倉皇而逃。這是常見的典型軍國美談。

尋常小學校三年級的少女讀完這則故事，以鉛筆寫下這樣的心得：

一、大家看到日之丸旗後精神為之一振。

二、日之丸旗真可貴。

批改這本夏季學習帳的老師，給這位少女的心得打了三重圈。可見這個「心得」精準地領會了大人的教育方針，並忠實地遵循其要求的方向。

眾所周知，其實開戰後不久，庶民之間還沒有「掛起日之丸」的習慣，也未出現自發性的普及。但由此事可知，當時國家正對年輕世代重複鼓吹這類「日之丸力量」的教育。

下頁．〈日之丸的力量〉，引自神奈川教育會編《昭和十五年度　夏季學習帳》，昭和 15 年（1940），尋常小學校三年級生用。

日の丸の力

杭州の戰の時でした。松岡上等兵は 九人の兵隊と 一しよに敵の様子を探りに行きました。敵は杭州小學校を陣地にして 日本軍に 手向かつて 居たのです。 クリークをへだて、杭州小學校が 夕やみの中に かすかに見える所まで來た時、上等兵は 九人の兵隊を クリークの土手に かくれさせ、一人で渡つて 敵の陣地に しのびこみました。草の間から 學校の中の敵の様子をのぞいて見ると、 敵は夕飯や ねる支度をしたりしてゐる事が 分りました。

「しめたぞ! 不意打をしてやらう」と 決心して 前の方をよく見ると、 運動場のかたすみに 支那の國旗をあげる旗竿が立つてゐました。

「よし、これは あつらへ向きだ、この旗竿に出征の時 上泉中將からいたゞいた日の丸

の旗を 高くあげてやらう。」と 運動場を横切つて 大急ぎで 旗竿の下まで來ました。ちやうどその時、まつ黒な雲の中から月が出て 手早くあげられた 旗は一きは目立つて見えました。上等兵はこの時とばかり、

「ズドン」と 一發うちましたから 九人の兵隊は

「日の丸だ！ 日の丸だ！ 進め〳〵」と 勇氣百倍して、クリークを ばし〳〵渡つて突入しました。この物音に びつくりした敵兵は 外を見ると、目の前に 日の丸の旗がひら〳〵してゐるではありませんか。

「日の丸が立てられては もうだめだ。」

と 思ひこんだのでせう。五六百人もの敵兵は 皆ちりぢりになつて 逃げてしまひました。

この文を よんで 考へた事を お書きなさい。

日ノ丸の旗を見て 皆んなが元気がでました。
ニ日の丸の旗が、たうたい。

剪掉敵國的國旗吧！

二〇〇八年施行的「學習指導要領 生存能力」（文部科學省，二〇〇八）中，關於「國旗」教育，規定必須實行下列指導：

與「國家之間相互尊重主權及合作」有關，讓學生了解國旗與國歌的意義，及互相尊重對方的國旗與國歌是國際禮儀，並養成尊重國旗國歌的態度。

這與常見的「須教導在國際社會上尊重國旗、國歌的禮儀」之論調有異曲同工之妙。這是教導青少年，好讓他們前往海外時不會丟臉嗎？其實是要讓他們先知悉國旗、國歌是別人會尊重的東西，是一種戀物癖的對象，好讓國民瞭解侮辱敵國的國旗國歌的意義。

以下的圖案是東海銀行（現統合為三菱東京ＵＦＪ銀行）刊登於大日本帝國公關刊物《寫真週報》第二百五十五號（情報局，昭和十八年一月二十日）封底的廣告。「貯金」與用剪刀「剪掉」英美國旗是諧音[1]，老實說一點都不好笑。以表達對敵人的憎惡來看，這種方式未免太陳腐，令人作嘔。不過，如果是接受當今文部科學省「學習指導要領」教育的頭腦，就會欣喜雀躍地說：「冒瀆他國重要的國旗，真是太棒了！」即使是陳腐的憎惡口號，也能輕易地傳達。

左頁．情報局編，《寫真週報》第255號，昭和18年（1943）1月20日，封底（當時）東海銀行的廣告。該雜誌也曾刊登「腳下踩著畫在馬路上的美英國旗的人們」的照片。

寫眞週報 昭和十三年二月十二日 第三種郵便物認可 昭和十八年一月廿日發行（毎週一回水曜日發行） 第二百五十五號

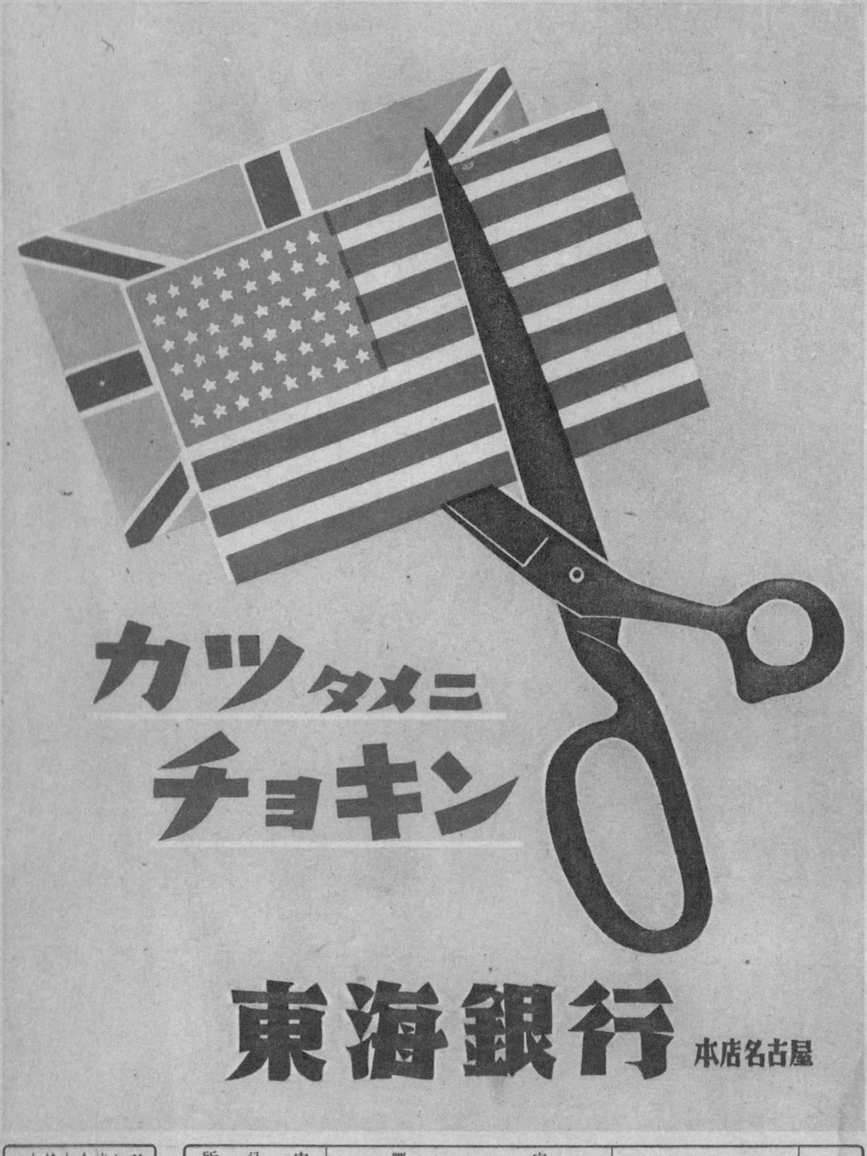

內閣印刷局印刷發行

寫眞週報（禁轉載）

昭和十八年一月廿日 印刷發行
編輯者 情報局 東京市麴町區永田町一ノ一
印刷者 發行者 內閣印刷局 東京市麴町區大手町

定價
一部十錢（送料一錢）
（外國郵送に依る地域は送料共一部十九錢）
▲豫約配送御希望の方は一部十錢（送料一錢）の割合を以て前金を添へ御申込み下さい
▲特大號の場合は其の都度御拂込金より差額を申受けます

申込所
全國各地官報販賣所
書店・驛賣店
新聞販賣店
寫眞材料店

前線慰問に本誌を
お讀みになつたら本誌を前線慰問に送りませう。送料は內地と同樣で帶封あるひは開封にして第三種と明記すれば、一部一錢です

（本書の大きさは國定規格A4・1［週報倍判］）

【專欄】
我們也來跳〈日之丸之歌〉吧！

說到「日之丸」和「跳舞」，昭和八年（一九三三）一月號的《少女俱樂部》刊登了由西条八十[1]作詞、中山晉平[2]作曲的童謠〈日之丸之歌〉的舞步。這是歷經上海事變、滿洲國建國、五一五事件等（皆發生於一九三二年）動盪，當局在「準戰時體制」下對侵略中國的野心日趨鮮明的險惡而動搖的時代。歌詞中高唱：「將君主御稜威的日之丸高高地舉向天際英勇前進。」到底要往哪裡前進啊？

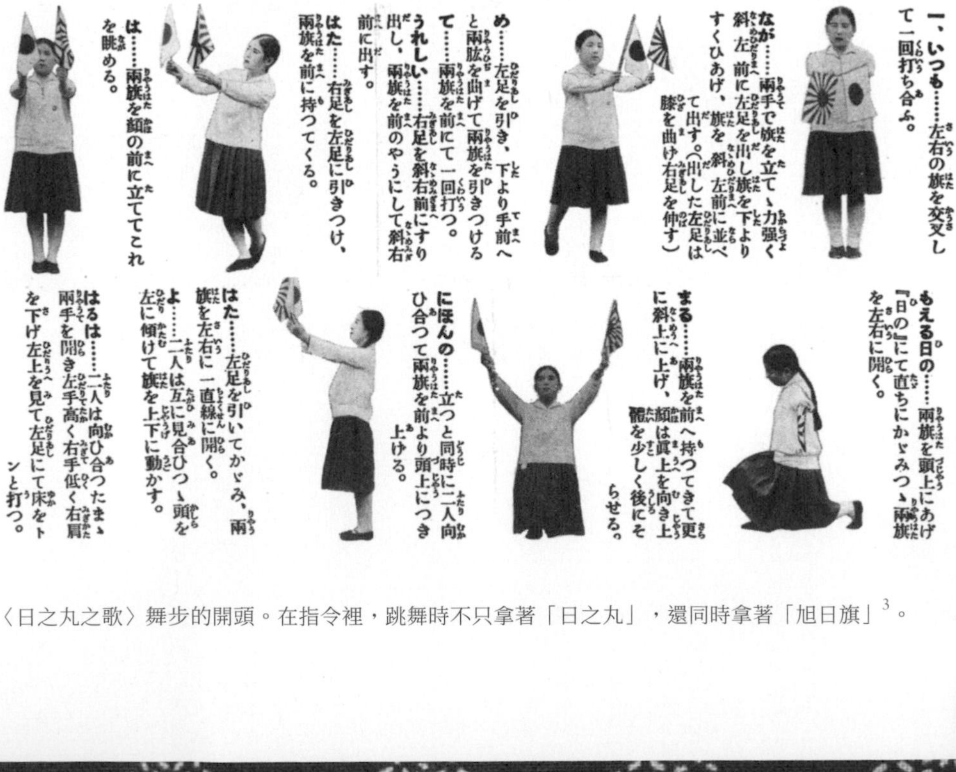
一、いつも……左右の旗を交叉して一回打ち合ふ。
なが……兩手で旗を立て、力強く斜左前に左足を出し旗を下よりすくひあげ、旗を斜左前に並べて出す。(出した左足は膝を曲げ右足を伸す)
め……左足を引き、下より手前へと兩肱を曲げて兩旗を引きつけて……兩旗を前にて一回打つ。
うれしい……右足を斜右前にすり出し、兩旗を前のやうにして斜右前に出す。
はた……右足を左足に引きつけ、兩旗を前に持つてくる。
は……兩旗を額の前に立ててこれを眺める。
もえる日の……兩旗を頭上にあげ『日の』にて直ちにかゞみつゝ兩旗を左右に開く。
まる……兩旗を前へ持つてきて更に斜上に上げ、顏は眞上を向き上體を少しく後にそらせる。
にほんの……立つと同時に二人向ひ合つて兩旗を前より頭上につき上げる。
はた……左足を引いてかゞみ、兩旗を左右に一直線に開く。
よ……二人は互に見合ひつゝ頭を左に傾けて旗を上下に動かす。
はるは……二人は向ひ合つたまゝ兩手を開き左手高く右手低く右肩を下げ左上を見て左足にて床をトンと打つ。

〈日之丸之歌〉舞步的開頭。在指令裡，跳舞時不只拿著「日之丸」，還同時拿著「旭日旗」[3]。

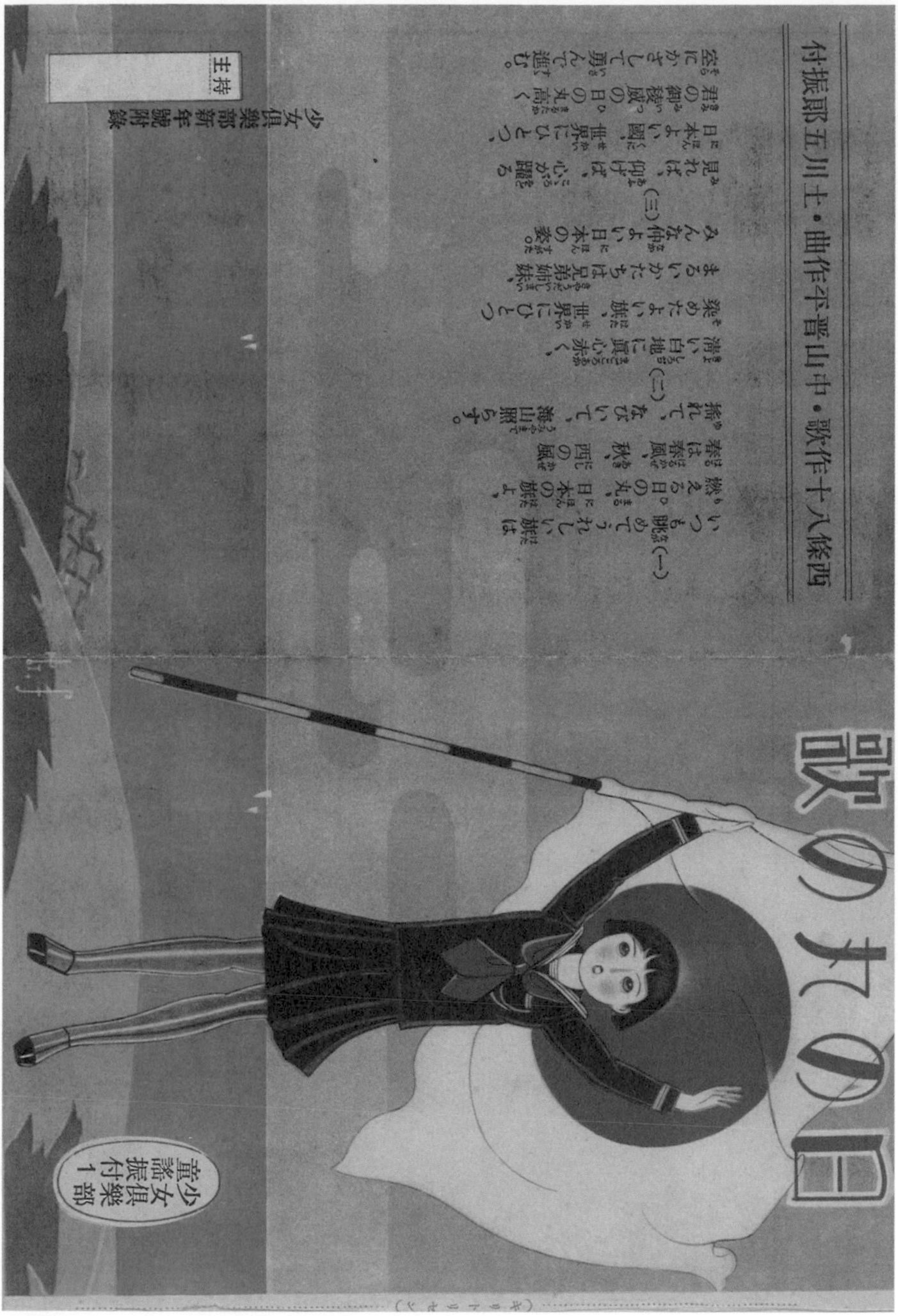

〈日之丸之歌〉歌詞。水手服的少女拿著「日之丸」高呼「萬歲」，此構圖相當耐人尋味。

二

成為好的日本人吧！

銃後就放心交給女性吧！[1]

這首搭配圖片的詩，刊登於《家之光》昭和十四年（一九三九）十月號（產業組合中央會）。由於仍是中日戰爭期間，因此不像「大東亞戰爭」時期訂定「男子就業禁止規定」，來動員女性勞動力（昭和十八年以降）。

將英勇出征好漢所說的話牢牢銘記在心，日本之妻就要奮起了。

由引文可知，所謂「女性」指的是送別出征士兵的妻子。

烏黑長髮的國櫻，勇士妻子的純情，晴朗的興亞藍天。

文中以符合自己邏輯的方式加以美化。事實上，「出征士兵妻子的通姦問題」，被視為嚴重的國家課題。不僅在鄉軍人會等單位實施貞操教育，甚至還動員警察的力量，企圖執行防止通姦的政策，這些事情鮮為人知。

內務省警保局的《刑事警察研究資料　第十五輯　有關銃後遺家族的犯罪及其防止狀況》（昭和十四年）指示警官應頻繁造訪出征士兵的遺家族。造訪時所取得的資訊，記錄在〈出征軍人遺家族名簿〉、〈出征軍人家庭調查表〉、〈應召遺家族視察簿〉等，由警察署管理。其中也指示，若接獲通姦的消息，警官必須跟蹤、埋

左頁．〈銃後請您放心〉，引自《家之光》昭和 14 年 10 月（產業組合中央會）。圖片由上依序為豆腐店、農家、司機……。

銃後は御安心ください

女性の力

佐藤惣之助

「戰ひは、よし、引受けた
銃後を堅く賴むぞ。」と
勇みて征きしますらをの
言葉を強く胸に祕め
日本の妻は起ち上る。

女ながらも凜然と
ともに戰地にある覺悟
親を養ひ、子を育て
夫の生業うけつぎて
家の柱と生きてゆく。

「どうぞ、存分戰つて
銃後は安心下さい。」と
くろ髮長き國櫻
勇士の妻の純情に
晴れて興亞の青い空。

富永謙太郎畫

伏等。不僅如此，也留下了《應召並戰死者遺家族懷孕狀況表》，可見警察也嚴密監視出征士兵妻子的懷孕狀況。

由此可以窺知，美化「銃後之妻」與嚴密把守貞操，是以表裡如一的形式同時進行的。

這次就用〈君之代〉跳舞吧！

昭和十年（一九三五）春天，開始批判和攻擊美濃部達吉「天皇機關說」[1]，有位閒人為〈君之代〉[2]編舞，可謂不久後啟動的「國體明徵運動」之愛國者先驅。編舞者是「大日本國舞會」。《家之光》昭和十年四月號（產業組合中央會）的照片大幅省略舞步，但由該會出版的中溝博常《國舞君之代　解說》（大日本國舞會本部，昭和十年）裡，逐一詳細地說明每個舞步的意涵。

例如，有關「八千代」[3]的部分：

轉身往右側傾斜，左腳往前一步，在「八千代」的時候，身體往右側傾斜的同時，左手握住衣服的袖口移向胸前，這便象徵著「三種神器」之一的「八尺瓊勾玉」[4]。

以「八尺瓊勾玉」為首，跟著〈君之代〉的旋律，用全身表現「天叢雲的寶劍」、「八咫之鏡」三種神器，是一支非常厲害的舞蹈。不可思議的是，凝視照片三小時後，舞者的姿態看起來很像「勾玉」的形狀（其實並沒有）。

最後，「直到巨岩生苔」的部分則說明：

把自身當作巖石，將扇子移至左側胸前，象徵著左方陡峭巖壁上配置常磐松。

接著把扇子移到右側肩上，象徵著巖石中間挺立著千年蒼鬱的大松樹。

「小石」變成「巨巖」，而且上面還長出了松樹，真是可喜可賀的結局！

左右頁．〈國舞君之代〉舞步，引自《家之光》昭和10年4月號（產業組合中央會）。

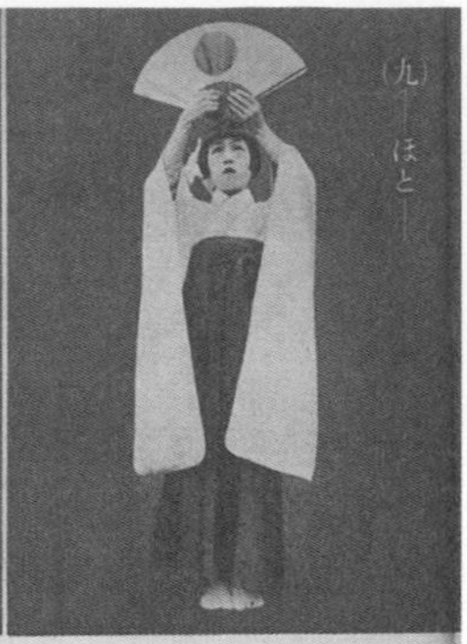

(九) ほと——

(十) なり——

(十一) て——

國舞君が代は、ありがたき御代の御壽を國歌に合せて、舞ひ納めるものでありま す。國舞君が代の世に出たことは、崇高なる日本の國民精神を、いよ〳〵振興させるものとして、よろこばしいことであります。

(十五) ——まで——

くはしい舞ひ方を御希望の方は、東京市京橋區銀座二ノ二、越後屋ビル三階、大日本國舞會にお申込みになつてください。一部二十錢でございます。

(十二) 苔の——

(十三) む——

(十四) す——

奢侈是可恥的！努力做到什麼都不買吧！

奢侈是可恥的！
什麼都不買才是國策
這是銃後的任務
重新利用「みや古染」（miyakozome）染舊衣吧！

廣告主「桂屋商店」現為「桂屋 FINEGOODS」，據說總公司仍在東京日本橋小舟町。「miyakozome」是在明治二十九年（一八九六）開始販售的家庭用染料，誠如廣告的說明，重新利用舊衣很方便。

廣告裡「奢侈是可恥的」，改編自史上著名的口號「奢侈是敵人」。根據難波功士《「戰鬥到底」——太平洋戰爭與廣告技術者們》（講談社選書メチエ，講談社，一九九八），「奢侈是敵人」的原創作者是當時擔任《廣告界》（誠文堂）雜誌主編的宮山駿。這句口號很厲害，即使過了數十年，它所帶來的衝擊感仍絲毫未減，但「奢侈是可恥的」似乎未曾造成話題，完全被遺忘了。

話說回來，我很想說：如果「什麼都不買」，那麼連「miyakozome」也不要買吧！嗯，當時這種小事根本沒有人在乎。

頁 51-53.
桂屋商店的廣告，引自《婦人俱樂部》昭和 15 年（1940）11 月號，附錄《實用毛線編織品全集》（大日本雄辯會講談社），其中刊登〈士兵先生慰問用編製品〉的禦寒頭巾……相當古怪。

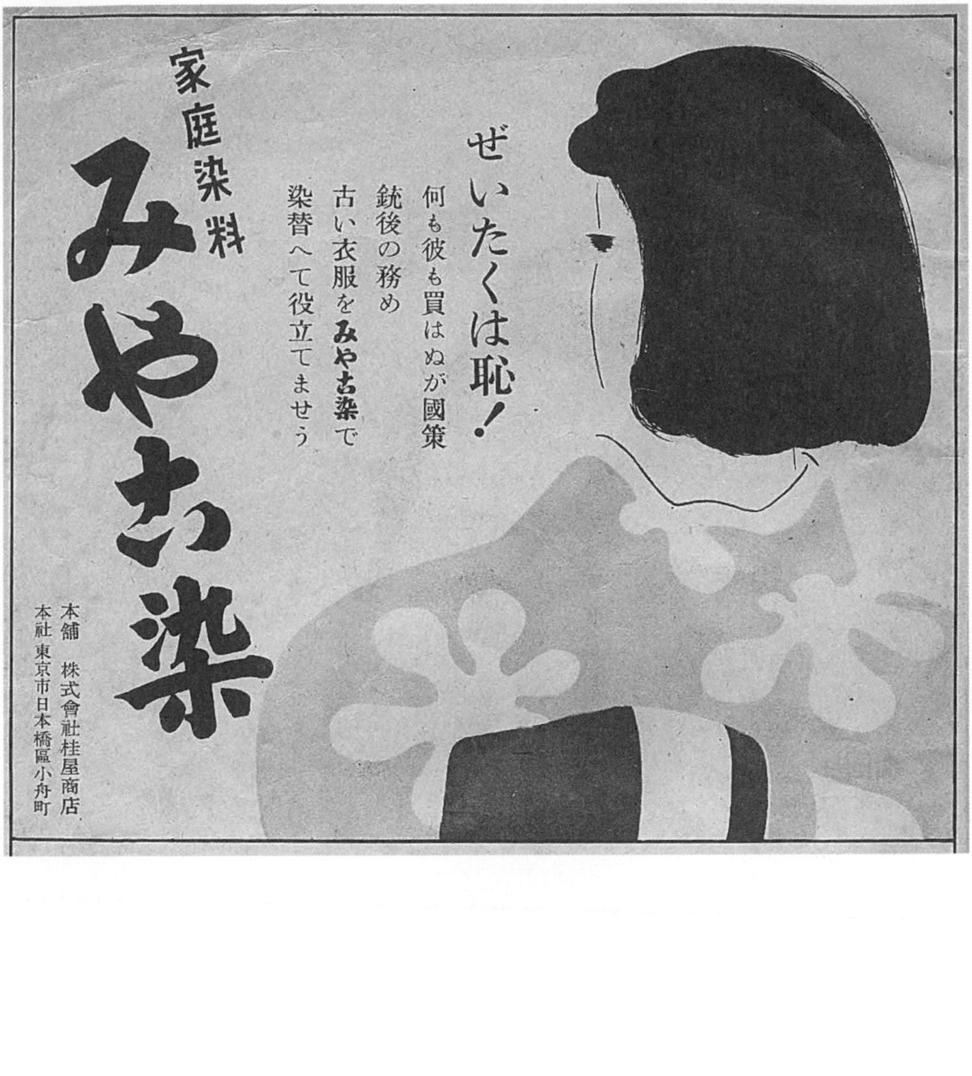
ぜいたくは恥！
何も彼も買はぬが國策
銃後の務め
古い衣服をみや古染で
染替へて役立てませう
家庭染料
みや古染
本舗　株式會社桂屋商店
本社　東京市日本橋區小舟町

昭和十五年十月一日發行　婦人倶樂部十月號（第二十一卷　第十號）附錄
實用毛糸編物全集
附・編物の長持法と繕ひ方
兵隊さん慰問用編物も發表
慰問
婦人倶樂部十月號附錄

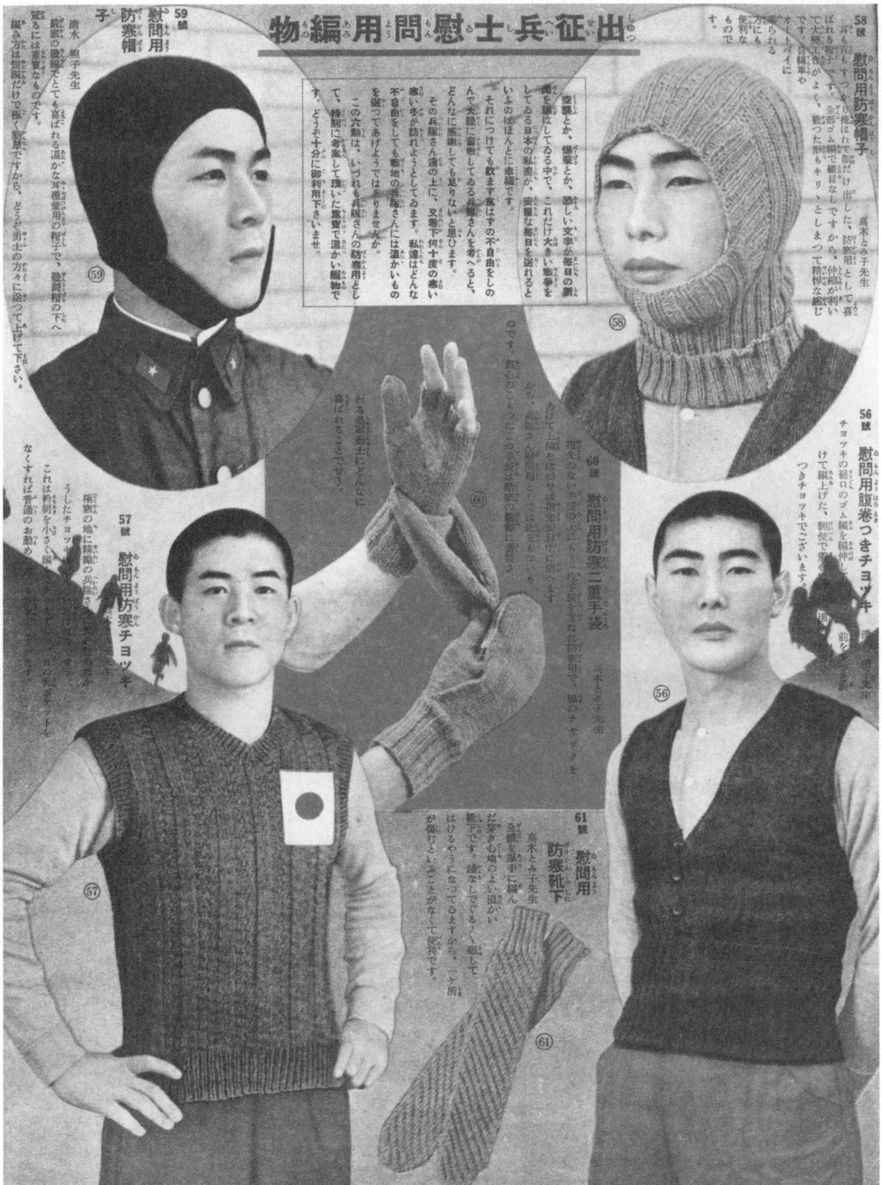

出征兵士慰問用編物

空襲とか、爆撃とか、恐しい文字が毎日の新聞を賑はしてゐる中で、これだけ大きい戦争をしてゐる日本の私達が、安穏な毎日を送れるといふのはほんとに幸福です。

それにつけても飲まず食はずの不自由をしのんで大陸に奮戦してゐる兵隊さんを考へると、どんなに感謝しても足りないと思ひます。

その兵隊さん達の上に、又零下何十度の寒い寒い冬が訪れようとしてゐます。私達はどんな不自由をしても戦地の兵隊さんには温かいものを送つてあげようではありませんか。

この六點は、いづれも兵隊さんの防寒用として、特別に考案して頂いた重寶で温かい編物です。どうぞ十分に御利用下さいませ。

58號 慰問用防寒帽子 高木とみ子先生

耳も首もすつかり掩はれて顔だけ出した、防寒用として喜ばれる帽子です。全部ゴム編で綴目なしですから、伸縮が利いて大變工合がよく、被つた形もキリ、としまつて精悍な感じです。自轉車やオートバイに乘られる方にも便利なものです。

59號 慰問用防寒帽子 清水照子先生

嚴寒の戰線でとても喜ばれる温かな耳覆兼用の帽子で、鐵兜帽の下へ冠るには重寶なものです。編み方は短編だけで極く簡單ですから、どうぞ勇士の方々に送つて上げて下さい。

56號 慰問用腹巻つきチョッキ

チョッキの裾口のゴム編を編伸し……けて編上げた、輕便で……つきチョッキでございます。

57號 慰問用防寒チョッキ

極寒の地に精勵の兵隊さ……うしたチョッキ……これは袖明を小さく編……なくすれば普通のお勧め……

60號 慰問用防寒二重手袋 高木とみ子先生

61號 慰問用防寒靴下 高木とみ子先生

全體を厚手に編んだ至極心地のよい温かい靴下です。踵なしでぐるぐる編してはけるやうになつてゐますから、一ヶ所が傷むといふことがなくて便利です。

抱著炸彈衝進去吧！

昭和十六年（一九四一）十二月十日，珍珠港事件發生後才兩天，大政翼贊會[1]便發表「決戰之歌」〈前進吧，一億火球！〉。正當全日本為初戰「赫赫大戰果」舉國沸騰時，竟然發表了令人聯想到戰爭末期的悲壯歌曲，諸多有識之士、軍歌愛好者，都批評其異樣之處。

讀者若聽過戰前的版本，就會聽到歌曲最後收錄了宛如臨終的嘶吼聲：「前進吧！一億!!我們是火球!!衝吧!!」不過這叫聲卻是出自沒啥出息的大叔。為何他們認為用這種聲音才能夠振奮國民的鬥志？實在非常不可思議。

在此介紹的歌曲集《英勇愛國歌》（出版社不詳，昭和十七年），以「最適合送給戰地的慰問品」為宣傳口號來發售。或許是為了反映這首歌曲極為悲慘的形象，其插圖也相當誇張。綁著日之丸頭巾的赤膊大叔，抱著炸彈要衝進敵陣——這樣的構圖，不過是一張過於重視形象且超乎現實的設計。若敵方在前線拿到這本冊子，想必日本人的瘋狂會讓他們不寒而慄……嗯，這一點都不重要。

無論如何，處於連戰連勝的初期階段，日本已開始醞釀「一億火球化＝一億肉彈化」的特攻思想了。雖然不能這樣說，但果真日本已經有了預想敗戰的「先見之明」呢……。

左頁．《英勇愛國歌》，出版社不詳，昭和 17 年（1942）。

大政翼賛會
宣傳部作詞作曲

進め一億火の玉だ

一、行くぞ行かうぞ　ぐわんとやるぞ
大和魂　伊達ぢやない
見たか知つたか底力
こらえこらえた一億の
勘忍袋の緒が切れた

二、靖國神社のおん前に
拍手うつてぬかづけば
親子兄弟夫らが
今だ　たのむと聲がする
おいらの胸にやぐつと來た

三、さうだ　一億火の玉だ
一人一人が決死隊
がつちり組んだこの腕で
守る銃後は鐵壁だ
何がなんでもやり抜くぞ
進め一億　火の玉だ
行くぞ一億　どんと行くぞ

以讀本遊戲挑戰填充題吧！

這個題目刊登於《小學三年級》昭和十二年（一九三七）十二月號（小學館），原始材料來自第四期國定教科書《小學國語讀本》（尋常科，昭和八年）卷六中的十一〈軍旗〉。與刊於國定教科書原版相較，《小學三年級》的版本有一些微妙的修改，如指揮官面向讀者等，令人窩心。

這本國定教科書中的〈軍旗〉的項目，後來由昭和十六年（一九四一）制定的第五期國定教科書《初等科國語》（文部省編，文部省，昭和十六年）所承襲，但內容改變許多。

在第四期教科書〈軍旗〉的開頭，說明「軍旗」是天皇親自授予之物，接著描述戰場光景，重複述說士兵在槍林彈雨中前進，前頭飄著「尊貴的軍旗」、「榮譽的軍旗」。由於這個教材是為了提高對軍旗的敬意，這樣的描述不至於太囉嗦，算是中規中矩。

相較之下，在第五期所有的段落都重複出現了「軍旗、軍旗／天皇陛下的……」，不僅說明軍旗乃天皇親自授予，也改編成強調身為天皇士兵的生死觀，譬如：「將天皇之言銘記於心保衛國家」、「在天皇御前抱著必死決心衝向敵營」等。

如此不厭其煩地出現「天皇陛下」，想必連《小學三年級》的編輯部也無法以「讀本遊戲」的形式將它設計為填充題吧！

左上.〈讀本遊戲〉單元，引自《小學三年級》昭和12年12月號（小學館）。

左下.〈軍旗〉，引自文部省國定教科書《小學國語讀本》（尋常科），昭和8年（1933）。

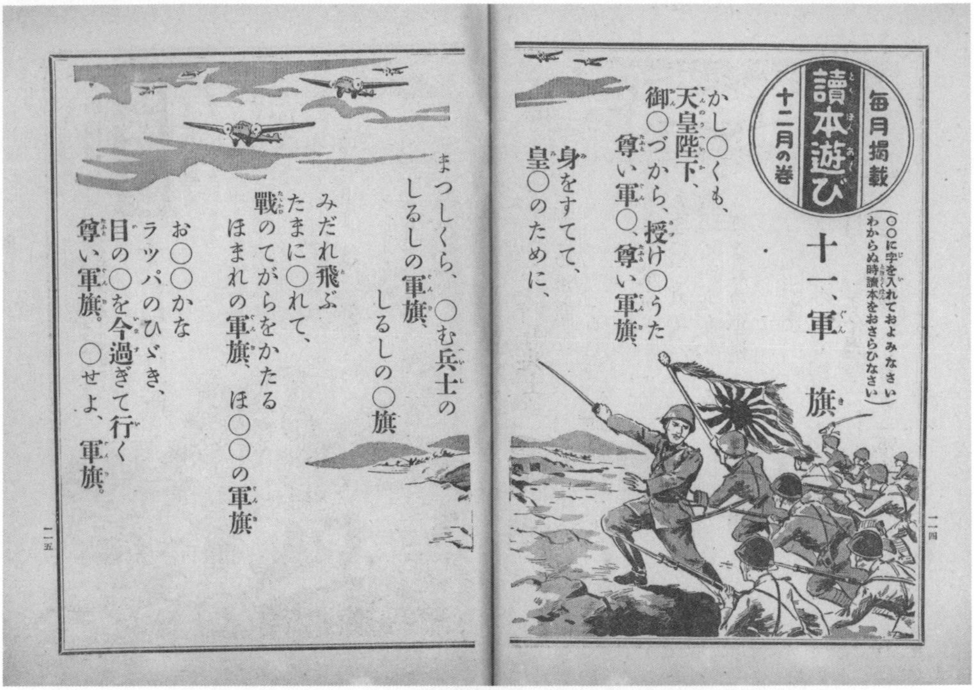

毎月掲載
讀本遊び
十二月の巻

（〇〇に字を入れておよみなさい
わからぬ時讀本をおさらひなさい）

十一、軍旗

かし〇くも、
天皇陛下、
御〇づから、授け〇うた
尊い軍〇、尊い軍旗、
身をすてて、
皇〇のために、

一二四

まつしくら、〇む兵士の
しるしの軍旗、
しるしの〇旗
みだれ飛ぶ
たまに〇れて、
戰のてがらをかたる
ほまれの軍旗、ほ〇〇の軍旗
お〇〇かな
ラッパのひゞき、
目の〇を今過ぎて行く
尊い軍旗。〇せよ、軍旗。

一二五

陛下給尊

十一 軍旗

かしこくも、
天皇陛下、
御手づから、授け給うた
尊い軍旗、尊い軍旗。
身をすてて、
皇國のために、
まつしくら、進む兵士の
しるしの軍旗、しるしの軍旗。

六十二

十一 軍旗

みだれ飛ぶ
たまに破れて、
戰のてがらをかたる
ほまれの軍旗、ほまれの軍旗。
おごそかな
ラッパのひゞき、
目の前を今過ぎて行く

六十三

參加大詔奉戴日國民合唱大會吧！

昭和十七年（一九四二）一月二日，內閣會議決定，由於在十六年（一九四一）十二月八日發布了「大東亞戰爭」的「宣戰詔勅」，因此將往後每月八日訂為「大詔奉戴日」，舉國一同紀念，也為提升銃後臣民的鬥志，展開大型國民運動。

當天的內閣告諭寫道：「這天是所有生於皇國之人永難忘的日子，也是開始承擔建設新秩序大使命的日子。」可見這是一場當局傾力推動的官方國民運動。

第一回在一月八日舉行。為了這天而制訂的「實施要領」，要求厲行以下項目：官公廳、學校、工廠等「捧讀詔書」；神社、寺院、教會等「祈願必勝」；每個家庭「懸掛國旗」。另外還下令不能讓職場停業而影響生產。

這天在東京日比谷野外的音樂堂，由日本放送協會[1]、情報局、大政翼贊會共同舉辦「國民合唱大會」。據說參加的人約有二千人，捧讀詔書、東條英機首相訓話（錄音），然後合唱〈愛國行進曲〉、〈敵人有幾萬〉、〈光輝的御稜威〉、〈軍艦行進曲〉等。該活動透過 NHK 的廣播節目向全國轉播。

以下照片出自《寫真週報》報導「國民合唱大會」現場的文章。這是參加者以「日之丸」為中心，高呼三次萬歲（萬歲三唱）的畫面，正前方沒有任何看板，可見這個奉祝聚會的籌備相當倉促。

左頁．情報局編，《寫真週報》204 號，昭和 17 年 1 月 21 日，報導第一回大詔奉戴日的「國民合唱大會」。

成為向神祈禱必勝的幼兒吧！

如前所述，「大詔奉戴日」是奉政府指示而舉辦的全民運動，連幼稚園的兒童也被動員參加奉祝活動。即使如此，如何讓幼兒理解「大東亞戰爭」的意義並承擔「建設新秩序的大使命」？想必幼稚園的老師都傷透了腦筋。

當時有「日本幼兒教育之父」和「日本福祿貝爾」之稱、著名的兒童心理學者倉橋惣三[1]，在《幼兒教育》雜誌昭和十七年（一九四二）二月號（日本幼稚園協會）裡發表文章，描述他在服務的單位東京女子高等師範學校（御茶水女子大學的前身）附設幼稚園，舉行了以下的「大詔奉戴日」紀念活動：身為幼兒教育領導人的倉橋以此次節目為雛形，指導全國各地的幼稚園舉行「大詔奉戴日」紀念典禮。然而，這卻是詭異得會讓人留下心理創傷的聚會。以「神啊，請您守護日本國吧」為開頭的「祈願」已夠誇張了，竟然還讓幼兒合唱以下的「祈念」：

日本很強，這場仗一定會打贏
我們也一定會成為好孩子

著實會讓人昏倒。被灌輸這種空虛口號的幼兒，往後過著什麼樣的人生呢？真令人擔憂。不僅如此，可以想見編造出這種咒語的倉橋老師本人，當時也處於相當可怕的神明附身狀態吧。

左頁．引自《好孩子之友》，昭和 18 年（1943）5 月號（小學館）。在大詔奉戴日前往神社祈禱的幼兒們。旁邊附上禱詞：「士兵先生，請您贏得勝利。我們也會好好努力。」

十二月八日
ヘイタイサン
カッテ クダサイ。
ワタクシタチモ
シッカリ ヤリマス。
（一）
林唯一（エ）

用炸彈存錢筒為國服務吧！

要學習「正確的愛國心」，就必須儲蓄。沒有什麼儲蓄卻口口聲聲提「愛國心」，豈有此理！各位愛國者，要不要考慮使用這款「炸彈型『貯金器』愛國彈」來儲存您重要的金錢呢？

這款「貯金器」只能郵購。訂購時在信件寫上「請寄炸彈型『愛國彈』」，附上郵票或支票寄給業者。不過，這個名稱太駭人了，信件被檢閱後，會不會發展成第二起大逆事件[1]，真令人擔心。

與支那事變之花「荒鷲」[2]的炸彈同款，印有日之丸，鮮明耀眼的全銀色。台座是烏亮的黑漆。美得令人眼睛一亮的高級存錢筒，放在各位的桌上或壁龕[3]，可以當作高雅的裝飾品珍惜一輩子，也有助於繃緊神經。

光看廣告的照片，就會讓人聯想到灌腸劑的美麗流線型設計，似乎是發亮的銀色。黑色台座有上漆。廣告說可當作裝飾品很耐看，也令人繃緊神經。很適合放在愛國者的壁龕、書桌等地方。問題是，這款炸彈型貯金器，要從哪裡投入硬幣呢？

左頁．大日本青年團本部編，《青年》，昭和 14 年（1939）3 月號廣告。

新案特許
意匠登錄

爆彈型『貯金器』
愛國彈の出現！

—飛行機の爆彈と同じ型—

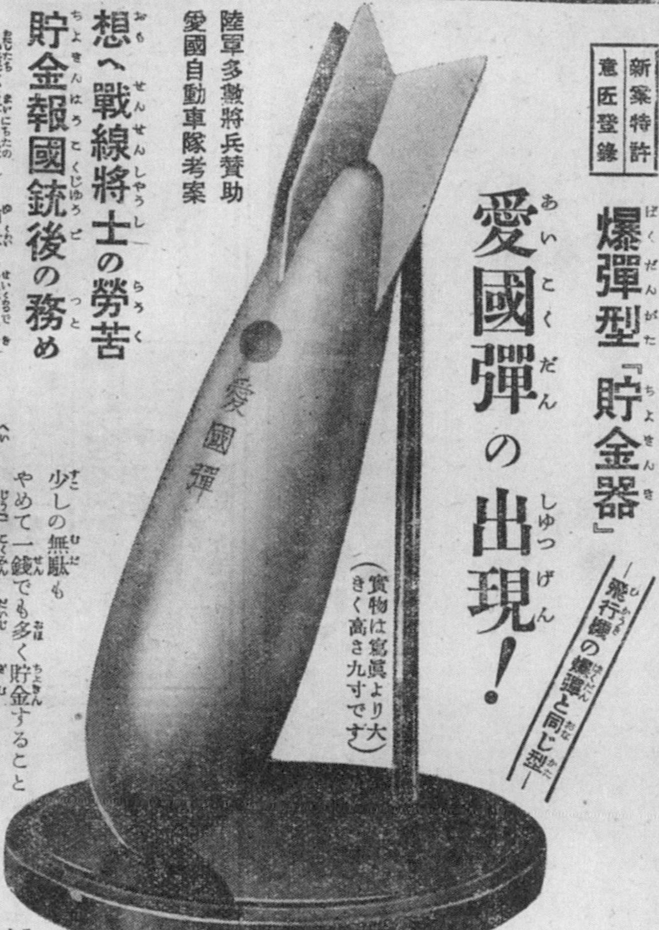

（實物は寫眞より大きく高さ九寸です）

陸軍多數將兵賛助
愛國自動車隊考案

想へ戰線將士の勞苦
貯金報國銃後の務め

私達が毎日樂しく愉快に生活出來るのは兵隊さんが御國のために命を捨てゝ、戰線に日夜奮鬪してをられるおかげです。

私達はいつも兵隊さんの御苦勞を忘れてはなりません。戰爭は未だ〳〵これからですから私達は油斷することなく心を引きしめ、少しの無駄もやめて一錢でも多く貯金することが銃後國民の大事な義務であり、せめてもの兵隊さんへの御恩返しであります。今度內地は勿論、遠く海外に活躍する皆さんから好評と信用を博す本社が皇軍勇士を心からしのび、無駄をやめる良い方法として誠に時局にふさはしい爆彈型『愛國彈』を發表しました。

▲安くて立派な貯金器

支那事變の花、荒鷲の爆彈と同じ型で日ノ丸入りの鮮かな總銀色です。臺は艶のある黑い漆です。美しいことは眼もさめるばかりの高級貯金器で皆さんの机の上に、お床に上品な置物となり一生大切に可愛がつて頂け精神を引きしめるのに大變役立ちます。

こんなに美しいものがこんなに安くと驚かれ、大好評、大評判です。早く注文して國策線を行く貯金報國運動に參加し、長期建設をめざして躍進する日本の國民として立派に責任を果しませう

‖注文の方法‖

—値段は大特價一圓で荷造り送料が內地は二十四錢で海外は四十五錢です。手紙に爆彈型『愛國彈』送れと書いて振替か小爲替で申込まれるのが一番便利です。切手代用は必ず一割増しの事、代金引替は荷造り送料內地は二十六錢海外は五十四錢です

製造發賣元
大阪市住吉區天下茶屋八
國ノ光社事業部
電話天下茶屋三〇四六番
振替大阪五一八三四番

〜日本青年館（振替東京六〇七七八番）にても取次ぎます〜

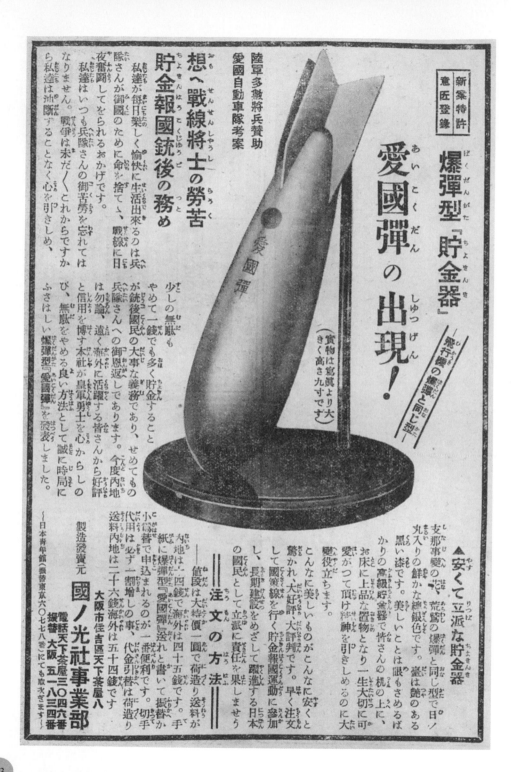

抄寫敕語吧！

以「來吧！各位，我們現在洗手清筆，一字一字恭恭敬敬地抄寫這份敕語吧！」為開頭的小冊子《國民精神總動員　敕語與告諭帖》（杉江春象，硬筆書方調查會，昭和十二年）。光看以上引文就令人感覺不妙了，翻閱內容就會發現以稚嫩的筆跡拚命抄寫的「第七十二回帝國議會開院式賜下的敕語」。

這份「敕語」頒佈於盧溝橋事件爆發兩個月後的昭和十二年（一九三七）九月四日。當局賦予其意義——闡明「支那事變」的「首要」目的是「為實現日支提攜而膺懲抗日政權之戰」。因此受到當時的軍部重複利用（陸軍省情報部〈支那事變的意義〉，《週報》第一百七十七號，內閣情報部，昭和十五年三月六日）。

在這次帝國議會結束時，當時的近衛內閣發布〈關於國民精神總動員之內閣告諭〉（九月九日），開啟國民精神總動員運動。這可說是明示「支那事變」的指導精神，並開始建構戰時總動員體制的轉捩點。

趁機利用國家動向大撈一筆的人之一，就是開發這本習字帖的杉江春象老師。這本冊子收錄了「敕語」與國民精神總動員的「告諭」，卷頭寫道：「此敕語是（中略）我們銃後國民必須銘記在心的天皇訓示」，「為了讓這份敕語深刻烙印於心，固然需要讀解、背誦等，但『百讀不如一寫』……憑藉各位的運動神經，重複抄寫幾遍來銘記在心吧。」看來是仗著大義名分向各級學校推銷吧。

左頁．杉江春象《國民精神總動員　敕語與告諭帖》的封面（下），硬筆書方調查會，昭和 12 年。由於這是以學校為販售目標，因此很清楚地印上「全校學生用」。翻閱內容便會發現一格格恭敬抄寫的敕語（上）。

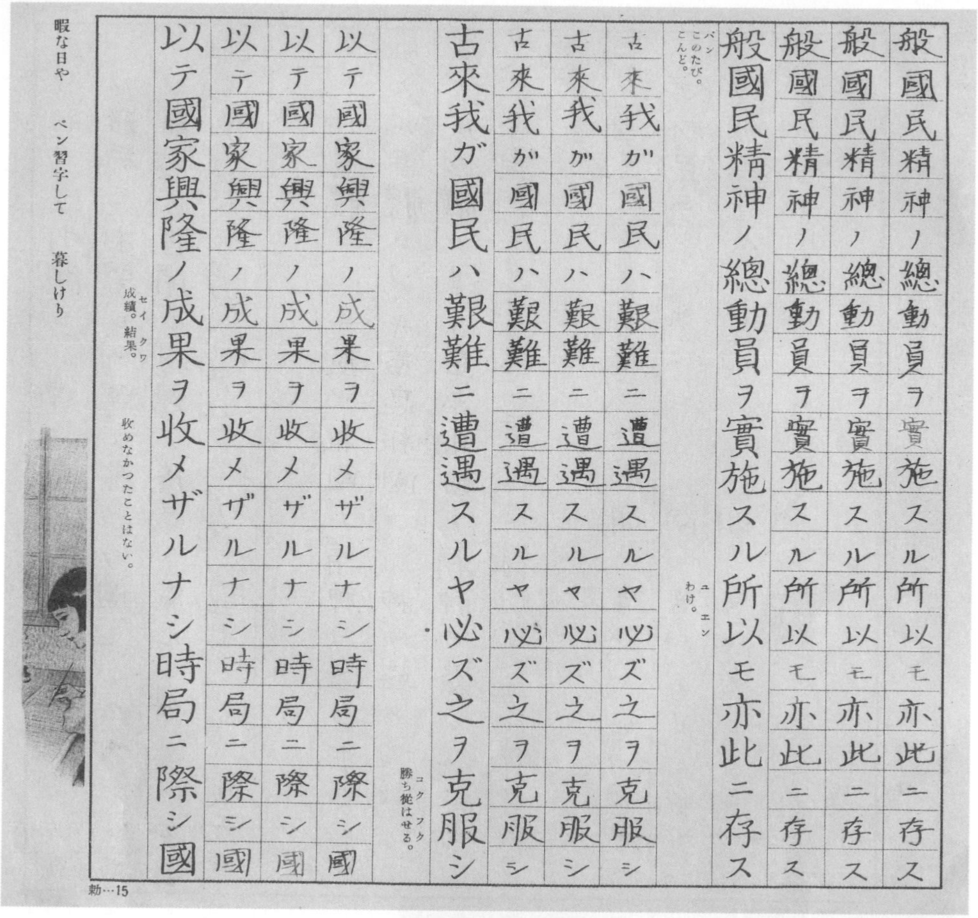

般國民精神ノ總動員ヲ實施スル所以モ亦此ニ存ス
般國民精神ノ總動員ヲ實施スル所以モ亦此ニ存ス
般國民精神ノ總動員ヲ實施スル所以モ亦此ニ存ス
般國民精神ノ總動員ヲ實施スル所以モ亦此ニ存ス

般（バン）このたび。こんど。
所以（ユエン）わけ。

古來我ガ國民ハ艱難ニ遭遇スルヤ必ズ之ヲ克服シ
古來我ガ國民ハ艱難ニ遭遇スルヤ必ズ之ヲ克服シ
古來我ガ國民ハ艱難ニ遭遇スルヤ必ズ之ヲ克服シ
古來我ガ國民ハ艱難ニ遭遇スルヤ必ズ之ヲ克服シ

克服（コクフク）勝ち從はせる。

以テ國家興隆ノ成果ヲ收メザルナシ時局ニ際シ國
以テ國家興隆ノ成果ヲ收メザルナシ時局ニ際シ國
以テ國家興隆ノ成果ヲ收メザルナシ時局ニ際シ國
以テ國家興隆ノ成果ヲ收メザルナシ時局ニ際シ國

成果（セイクワ）成績。結果。
收めなかつたことはない。

暇な日や　ペン習字して　暮しけり

勅…15

為美腿美女進行軍事訓練吧！

這些拿著木槍接受軍事訓練的人是大阪松竹少女歌劇團（OSSK）[1]的舞者。照片裡可看到木板，但這裡並非舞台，竟然是「大樓的頂樓」。不僅如此，她們還穿著露出美腿的表演服裝匍匐前進和射擊，令人不禁疑惑：「到底是什麼情況讓她們必須這麼做？」真是一張令人不可思議的照片。

這張照片刊登於《日刊時事寫真》昭和十二年（一九三七）六月十三日號（時事寫真新報社）。不過，在這個時期並未規定舞者有接受軍事訓練的義務。根據該期雜誌的解說，「表面上是為了鼓舞歌劇團散漫的統制精神，招聘陸軍的預備將校」而進行訓練。在中國的戰爭將至的社會氛圍之下，松竹高層預想歌劇團可能會遭受「不合時局」的抨擊，因此我們可將其視為松竹為展現對國策的協力態度而策劃的表演。如此一來，便可理解她們為何穿著表演服裝。

如標題〈舞者也接受軍事訓練〉所示，在當時被當作「趣味新聞」，可見仍是悠哉的時期。然而，這張照片刊登隔月便爆發盧溝橋事件，在中國的戰爭急速擴大。同年九月《主婦之友》（主婦之友社）製作了「銃後女性軍事計畫」，刊登西条八十的詩作〈女子軍事訓練〉。從這時開始，日本在全國各地展開女性軍事教育。

左頁.《日刊時事寫真》昭和 12 年 6 月 13 日號，時事寫真新報社。

THE NIKKAN JIJISHASHIN

レヴューガールも軍事敎練

ビルの屋上で美しい娘さん達が軍服凜々しい敎官の號令の下に勇ましい軍事敎練風景を展開して居る、これは大阪松竹少女歌劇で散漫になり勝ちな樂團の統制精神を鼓舞すると云ふ立前から陸軍の豫備将校を招聘してレヴューガールに訓練を施してゐるところです、

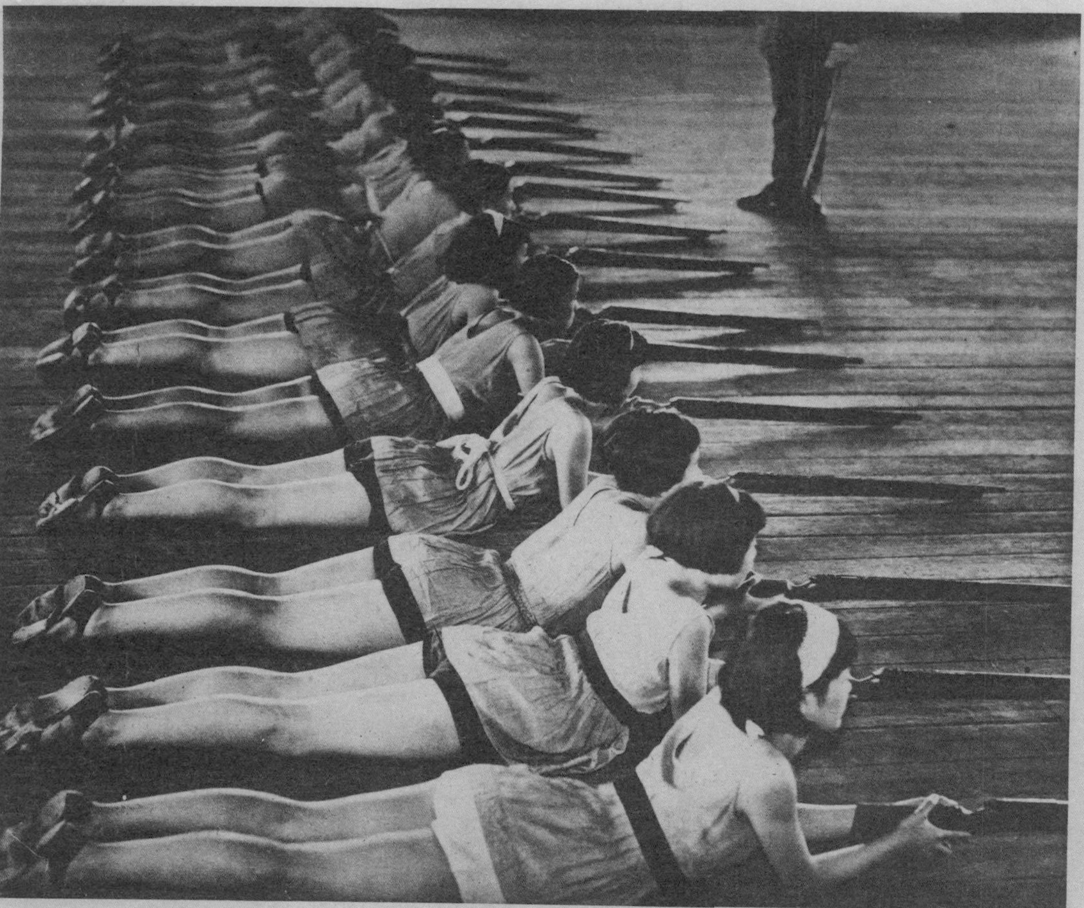

昭和十二年六月十三日(日) 第二千四十號(+)
昭和五年九月十三日 第三種郵便物認可

遵守交通道德吧！

不覺得可恥嗎？這副德行稱得上「大東亞的領導人」嗎？如何成為大國民呢？

以上文字引自「大東亞戰爭」開戰半年後，昭和十七年（一九四二）六月刊登於政府公關刊物《寫真週報》（情報局）裡的交通道德啟蒙文章。大日本帝國贏得首戰，成為名符其實的「大東亞的領導人」和「亞細亞的盟主」，但帝國臣民的公共禮儀卻仍是三等國民的程度。

從大正時代到戰前，雖然日本針對交通道德重複進行宣導活動，但似乎一直未普及。即使如此，東京府[1]中等學校等仍定期施行「交通道德實踐強調週」，也出版刊登包括〈中等學校學生利用電車、公車等時的交通事故件數〉等文章的《保導手冊第五輯　交通道德訓話資料》，提供學校老師進行交通道德相關訓話。另外，也有產業報國會舉行「交通道德強調週」的記錄。

後來，由於戰時下勞務動員計畫禁止男性從事公車、火車的車掌、站務員等工作，改由女性勞動者負責維持人潮秩序等業務（昭和十八年七月修正勞務調整令以降），因此造成大眾運輸嚴重的擁擠狀況，而成為戰時下社會生活的大問題。即使如此，在戰爭末期仍不厭其煩地宣導「排隊搭車」、「學生要讓位」等禮儀，可見這些官方宣導活動並未發揮顯著的效果

左頁．〈邁向有秩序的擁擠〉，引自情報局編《寫真週報》第 226 號，昭和 17 年 6 月 24 日。在右下角的照片裡，爭先恐後乘車的人潮中，最前方的男性以右手擋住後方的女性，其乘坐方式真是不尋常。

整然たる混雜へ

交通道德を守りませう

『さすが軍國だけあつて日本國民は電車やバスの乘り降りにも戰爭の演習をやつてゐる』——これは一外人が皮肉つたラッシュアワーの混亂ぶりです。恥かしいではありませんか情ないではありませんか。これでは、『大東亞の指導者』が逃げ出しませう。大國民が泣き出しませう。『沒法子』といふやうな重慶的な考へ方、『エゴイズム』といふやうな米英的な考へ方はもういまの日本には無い筈です。工夫しませう、研究しませう。工夫によつては、研究によつては、どんな混雜も緩和され整頓されなければならない筈です。現に模範的な實例は私たちのすぐ隣りにも澤山にあるのです。負ふた子供に教へられるなどは餘り感心した圖ではありません。卍巴の混雜から整然たる混雜へ お互ひが交通道德を實踐して、能率的に氣持よく戰時下の交通日本を運轉させませう

⇧東京の某驛に活躍する女學生の交通道德實踐隊

はたに迷惑をかけぬやう ← 新聞讀むなら小さく折つて

われ勝ちの醜體をやめて ← 一列の一降り二乘り三發車

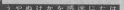

學習西餐禮儀吧！

要成為好日本人，就必須學習正確的禮儀。昭和十六年（一九四一），在文部省所制定的〈昭和國民禮法〉中寫道：「實踐禮儀讓國民的生活端莊穩重，維持上下秩序，以發揮國體精華，守護無窮皇運。」（文部省〈昭和國民禮法〉）大日本帝國的目標是徹底將作為國家秩序基礎的「禮儀」（禮法）灌輸給國民，不只是製造學會禮儀的文明人。

在〈昭和國民禮法〉的前篇規定日本人該學會的姿勢、敬禮、說話方式等，後篇則詳細訂定「皇室．國家之相關禮節」、「家庭生活之相關禮節」、「社會生活之相關禮節」等。

舉例來說，「社會生活之相關禮節」的「聚餐　西餐的場合」項目裡有以下規定：

- **麵包應以手指撥開來食用。奶油則以奶油刀或一般刀子塗抹於麵包上。**
- **麵包並非一開始就食用，而是湯品送上後才食用。已上甜點時就不宜食用。**

真的太雞婆了，看來大日本帝國非得規定得如此鉅細靡遺才肯罷休吧！

左頁．引自文部省制定《昭和的國民禮法》帝國書籍協會版，昭和16年，有關西餐禮儀的插圖。在說明「不可在別人面前伸手拿東西」的部分，乍看之下很像搶奪別人的食物，仔細一看才發現，旁邊放置了疑似鹽罐的東西。

パンの食べ方

スープの飲み方

○ ナイフ、フォークを用ひる時の正しい姿勢

× いけない姿勢

× 人の前に手をのばして物をとつてはいけない

打赤膊上課鍛鍊身體吧！（一）

簡直如噩夢般（對羅莉控「來說卻宛如置身樂園）的光景，這是拍攝於昭和十七年（一九四二）市之瀨國民學校（新潟縣）的照片。

根據圖片的說明：「雪國新潟縣的市之瀨國民學校決定，不只體育課，所有的上課時間都要打赤膊。上學時在校門口脫掉上衣，放學時再穿上。不只在戶外勤勞奉行，如圖中六年級學生一樣，甚至在教室裡大家都要把衣服脫掉。」這種教育方針似乎是在「質實剛健」這種什麼都能套用的口號下進行，在冬天時一定會很冷，令人心疼。

在這所市之瀨國民學校裡，「在校期間」都打赤膊，也有不少學校每天早上都安排「乾布磨擦體操」時間，除了女老師之外，所有的人都要把衣服脫掉。政府公關刊物《寫真週報》視之為培育小國民健全身體的例子，很自豪地加以宣傳。

在草場弘督學的著作《皇民練成的哲理》（第一出版會，昭和十五年）裡，也介紹了這種變態赤膊教育的例子。在靜岡縣大久保小學校，不但「女老師之外，所有的人都打赤膊」進行乾布摩擦體操，男老師也讓女學生折好他脫掉的衣服，由「兩位負責的女學生」擦拭只穿著兜襠褲的男老師和校長的身體。不僅如此，當老師說「身體還不夠暖和」時，女學生還得圍著校長努力擦拭他的身體……，這種簡直是地獄般（對羅莉控來說宛如極樂）的光景，該書竟然讚不絕口地說「非常美麗」。

左頁．上下圖片都引自 Asahi Graph（朝日寫真報）特刊《我們的 100 年》（朝日新聞社，1968）。上圖是教室的畫面，看起來很冷的樣子。下圖是推動赤膊教育的校長，背後貼著山本五十六的海報，上面寫著「不自惜身命」。

不自惜身命

打赤膊上課鍛鍊身體吧！（二）

我們的老師是從戰場回來的勇士。去年夏天，他說：

「你們以後要成為士兵，從現在就開始鍛鍊身體，到時才能夠貢獻（國家）。」

於是開始赤膊體操。

從此以後，或許是因為皮膚變健康了，很少人因為感冒請假。在櫻花盛開的學校操場上，今天也練肋木架。

「抬起下巴，胸口往前……」

無論是老師或我們都非常努力。在打赤膊的身體上，四月的風令人感到爽快。

或許這可說大日本帝國身體觀裡男性原理的一面。無論是「從戰場回來的勇士」或「赤膊體操」（連老師也打赤膊）的名稱，都充滿著「所謂武士道是眾道」的味道。從圖片來看，很像是一位半裸少年遭到半裸中年男性的霸凌，但實際上這是「教育」，也是展現「師生愛」的情景。

在今天，我們實在難以想像，那是徵兵制的時代，社會中曾經入伍、接受內務班教育[1]的成人男性占大多數，因此將在軍隊內接受教育的經驗帶進兒童的教育現場，來個「士兵先生」的再生產了。

左頁．《少年俱樂部》昭和17年（1942）4月號。

ぼくらの先生

ぼくらの先生は歸還勇士だ。昨年の夏、『君たちは、やがて兵隊さんになるのだ。今からお役にたつやう十分體をきたへておかなければならない。』といつて、はだか體操をはじめられた。

それ以來、皮膚が丈夫になつたのか、かぜをひいて休む者が、ほとんどなくなつた。櫻の花の校庭で、今日も肋木をやる。『あごをひいて、胸をぐつと前につきだして……』先生もぼくらも、一生けんめいだ。はだかの肌には四月の風が、さわやかに感じる。

梁川剛一畫

【專欄】軍國之花

戰前的婦人雜誌有個很誇張的專欄，在二十一世紀的今天實在難以想像，那就是政治家、學者和軍部將官等上流家庭千金的照片。

在此介紹的是《主婦之友》昭和十二年（一九三七）十二月號（主婦之友社）的寫真專欄〈在軍國綻放的花〉裡，海軍政務次官一宮房次郎[1]的千金芳子小姐美麗的風姿。

芳子小姐畢業於東京女子高等師範學校附屬高等女學校，在YWCA學習裁縫。是一位「所有的運動項目都喜歡，尤其是游泳，不會輸給任何人」的健康型美女，但總覺得這篇報導文章哪裡怪怪的。

清爽的短髮，健康豐滿勻稱的肢體，口齒清晰的談吐。很適合軍國風格的衣服，開朗的芳子小姐，是前陣子代理米內海軍大臣慰問皇軍的父親大人非常疼愛的老么千金。

「健康豐滿勻稱的肢體」，現在只有色情小說才會出現這種用詞。很好奇，這位記者是如何採訪得知「勻稱的肢體」呢？

左頁．《主婦之友》昭和12年12月號（主婦之友社）寫真專欄。

軍國に咲く花

海軍政務次官 一宮房治郎氏令嬢 芳子様

颯爽と短く刈り上げられたお髪、伸び伸びと豊かに均齊のとれた肢體、きびきびと歯切れのよいお話し振り。

すべてが軍國調のお洋服としつくり調和した、明朗そのものゝ芳子様は、つい先頃、米内海相代理として、皇軍慰問の旅より御歸京になつたお父様の、それこそ眼に入れてもといふ末のお嬢様。

東京女高師附屬高女を御卒業後は、Y・W・C・A で洋裁を御勉強中。スポーツなら何でもお好き、特に水泳なら負けませんよと、美しくお笑ひになる。

三

戰鬥到底！

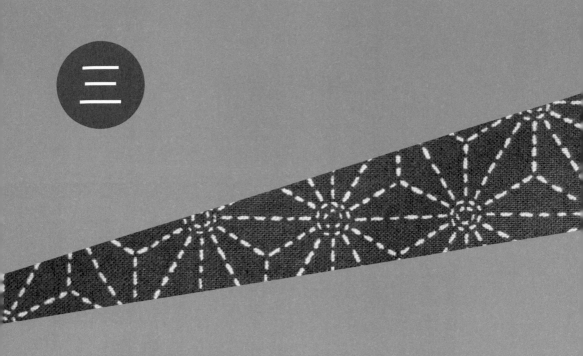

搞清楚敵人吧！

這是由各縣市發行的國民學校「夏季修練」（＝暑假）作業簿中的一本，此文介紹岡山縣國民學校初等科一年級生所使用的暑假作業簿《夏季生活》（岡山縣教育會）。

封面是南島「蕃人」揮舞著日之丸迎接日本士兵的童畫風格圖片，畫面右方配置帶著學生帽的男童與娃娃頭的女童。這樣的安排應該是為了讓兒童讀者對畫面產生共鳴吧。

令人驚訝的是卷頭這篇文章：

今天終於開始「夏季修練」。身為「讀書士兵」的一份子都要好好努力。

原來兒童是「讀書士兵」。這是其他地方的作業簿未曾出現的說法，我想可能是岡山縣自創的。

這本冊子設計「夏季修練」期間每天寫一頁作業，以下介紹的是「八月二十九日」。題目很直截了當地詢問：「各位的敵人是誰？」這本作業簿的主人某君寫道：「美國、荷蘭、英國」，獲得了圓圈。不過，地圖上作為解答提示的澳洲，某君竟瀟灑地忽略了。

頁 82. 岡山縣教育會編，《夏季生活》，國民學校初等科 1 年級生用，昭和 17 年（1942）。該誌卷頭刊登了木口小平[1]的圖片，在「天皇陛下萬歲」的標題下，介紹他是地方偉人：「小平是岡山縣人。」左圖是：「各位的敵人是誰？」

ミナサン　ノ　テキ　ハ
ダレ　デスカ。
コタヘ（アメリカ　オランダ　イギリス）

（國初一）

岡山縣教育會編纂

ナツノクラシ

一ネン

突擊吧！

這是刊登於《家之光》昭和十三年（一九三八）四月號（產業組合中央會）裡的照片，附上童話作家松原至大的詩〈可愛的突擊〉，標題非常誇張：

我們的突擊
絕不會輸……
戰鬥到底吧，
勝利到底吧，
我們是大和魂兒童。

這張照片的震撼力更勝於這首詩。根據圖片說明，照片並非《家之光》所自創，是出自當時的相機及底片製造商小西六寫真工業（現為柯尼可美能達）發行、以攝影愛好者為對象的宣傳雜誌《櫻之國》，這張照片是該雜誌所募集的「軍國少年寫真」競賽（！）入選作品，刊登於該雜誌昭和十三年（一九三八）一月號，投稿量高達兩千七百八十三張，真是令人佩服。

讓小孩穿上軍裝當作七五三[1]等儀式的正式服裝，在當時社會裡似乎是相當普遍的習慣，百貨公司的廣告時常刊登模擬陸海軍大將級「兒童用」的軍服、軍帽。圖片中的兄妹所穿戴的兒童鐵盔，可能也是這些兒童軍裝的產品之一。由此可推測

「軍國少年的寫真」競賽充斥著這種調性的軍服扮裝。如果這些投稿作品留存至今，一定會成為很珍貴的風俗資料。

左頁．《家之光》昭和 13 年 4 月號，產業組合中央會。

可愛い突撃

松原至大

僕等の突撃、
負けないよ。

この眼、この足、
構へたら、
どんな敵にも
きつと勝つよ。

戰ひとほさう、
勝ちとほさう、
大和魂の子供だよ。

(『さくらの國』主催
軍國少年入選印畫)
三浦虎次郎撮影

砍掉三成生活費吧！

國民精神總動員運動的核心包括「物資總動員」與「鼓勵儲蓄」。搭乘這股潮流，許多呼籲重新檢討家庭生活的「節約書」因此問世。其中《提倡砍掉三成生活費》（佐藤新興生活館編，佐藤新興生活館，昭和十三年），該書特色是內容更加深入，而且大膽標榜砍掉三成生活費。當然，該書的趣旨是將節省的錢拿來儲蓄。

該書在「生活費」裡，「伙食費」、「燃料費」、「服裝費」、「交通費」等都各自訂定了節省的目標，並非一律節省「三成」，這點頗有道理。

例如，「伙食費」的節省目標是「都市兩成，農村一成四」。為了達到目標而提倡「廢止白米、白砂糖」等尚可理解，但光是這些並不能節省多少。於是該書提出相當無理的方針——「普及菜單統制運動」，也就是在每個地區統一菜單，家家戶戶都吃一樣的東西，這樣就能統一採買食材，節省材料費。

此外，交際費、嗜好娛樂費分別砍掉「七成」和「六成」，建議大幅刪減這些被視為無關緊要的項目。然而，有個項目卻是唯一「維持現狀」的，那就是「住宅費」（房租）。由此可見，即使命令窮人別吃白米、砂糖，但卻沒要求房東、屋主降低房租。這種作法怎能接受呢？

左頁．佐藤新興生活館編，《提倡砍掉三成生活費》封面，昭和 13 年（1938）。

大藏省
厚生省
國民精神總動員中央聯盟
推奬
貯蓄報國
生活費三割切下の提唱
佐藤新興生活館

為產業戰士父親加油吧！

小學館的《好孩子之友》是戰時下統合《國民一年級》與《國民二年級》兩個年級的刊物而產生的兒童雜誌。直到昭和十八年（一九四三）中為止，目錄頁都刊登大政翼贊會宣傳部對兒童的呼籲：

絕不饒恕與天皇陛下為敵的人。

我們同心協力，讓我們的家、我們的日本變得更偉大。（昭和十八年二月號）

以這種調性統一版面。由於內容以放大字體的文章為主，因此富有故事性的軍國美談居多。與其他競爭對手的刊物相較，《好孩子之友》帶有相當濃厚的戰時、軍國色彩。

這張圖片刊登於該雜誌昭和十八年十二月號的封底。畫面是年幼的兄妹對著清晨上班的父親，一邊遞出大便當盒一邊說：「父親大人，為了不輸給敵人，請製造很多飛機。」以此激勵產業戰士的勞動意願。這正是「小孩可以做到的奉公」，展現出支持銃後的兒童楷模。圖片的用意是為了讓每個家庭的小孩說出一樣的台詞吧。

該期封面寫著：「士兵先生萬歲，剩下的就交由我們承擔。」為了紀念「大東亞戰爭」第三年，所有的版面都充斥著與戰爭相關的內容。

左頁.《好孩子之友》昭和 18 年 12 月號（小學館）封底。父親的臉孔蒙上陰影，真令人在意。

オトウサン
テキニマケナイヤウニ
ヒカウキヲ
タクサンツクッテネ
「良い子の友」
ヨイコノトモ
第十九卷 第九號
停
本號定價金四十錢 送料金二錢
東京都神田區
一ツ橋二丁目五番地
小學館發行
振替口座
東京四五一〇七番
大阪一一〇二五番

沒收幼稚園兒童的零用錢吧！

日本幼稚園協會在該協會機關刊物《幼兒教育》昭和十九年（一九四四）一月號中，向全國幼稚園兒童與相關人士呼籲「日本幼兒飛機獻納儲蓄」。這個運動是讓幼稚園兒童計畫性地儲蓄，以便為陸海軍獻上「日本幼兒號」軍用機。

根據宗旨書所言：「為了製作重要的飛機，舉國上下全力以赴，想必也打動了幼兒的心。為了具體實現他們的心願，我們提倡以日本幼兒飛機來獻納儲蓄。」說得好像是為了實現兒童心願的運動，但這必然是出於「大人的方便」。

照理來說，幼稚園兒童沒多少零用錢。令人驚訝的是，直到同年七月，總共募集了九萬八千圓，該刊物昭和十九年（一九四四）八月號報導協會代表倉橋惣三得意洋洋地獻給海軍省的情形。倉橋感慨萬分地在該誌撰寫了以下的文章：

「日本幼兒號」是全國幼兒心意的獻納。（中略）艦上戰鬥機「日本幼兒號」完成後，（中略）我相信這台飛機將會炸沉敵方的戰鬥艦，擊沉大型航空母艦吧。（中略）至今從未直接參與戰鬥的幼兒，藉此機會堂堂正正地加入戰場。這台充滿日本幼兒靈魂的戰鬥機，向前挺進吧！請好好奮鬥！

這台「充滿日本幼兒靈魂的戰鬥機」到底留下了怎樣的戰績呢？聽說獻納報國機專家曾做過調查，但不知下文。

左頁．〈我的飛機〉，引自《幼年俱樂部》，昭和 18 年（1943），大日本雄辯會講談社。這個衝擊的後勁很強，但最近想玩這種出擊遊戲的大人是否愈來愈多了？

ボクノ ヒカウキ

日出男(ヒデヲ)クンノカイタ　ヒカウキニ、弟ノ次郎チャンガノリマシタ。コレカラ、テキヲ　セメニ行クンダト、大イバリデス。「シュッパツ。」日出男クンノ　メイレイガ　クダルト、次郎チャンハ、勇マシク　ケイレイヲシマシタ。

黒崎義介(クロサキヨシスケ)畫(エガク)

非常時期來個大優惠吧！

以下圖片刊登於《主婦之友》昭和十二年（一九三七）十二月號（主婦之友社），是位於東京春日町著名喜宴會場兼外燴業者「大國」的廣告。

如今我國實施國民精神總動員，試圖突破難局。我認為敝店平時採合理化經營而遙遙領先其他業者，在這個時刻推出獨特的喜宴料理，才是符合當下時局的菜色。儘管是慶賀的喜宴，但為了節省經費而提供新娘一張 Baby bond（小額公債），想必這樣的愛國精神也會讓新郎開心，可謂一舉兩得。

「非常時期」與「大優惠」，兩個乍看之下完全無關的詞彙就這樣完美地結合了，令人甘拜下風。

根據我一直以來閱讀各種舊雜誌的經驗，在提倡「國民精神總動員」時，這種廣告文宣的類型佔壓倒性的比例。「非常時期」——明知現在是戰時，但仍希望至少盛大地舉辦喜宴。於是，官方時局認識與銃後的日常意識，在此產生了衝突，這家喜宴業者以「節省經費」、「小額公債」等小道具作點綴，巧妙地製作迎合時局的廣告，想必動了不少腦筋吧。然而，在昭和十四年（一九三九）國民精神總動員委員會發表的〈刷新公私生活形成戰時態勢化的方針〉裡包含「廢止結婚喜宴等」，「喜宴料理」因此逐漸消失了。

左頁．《主婦之友》昭和 12 年 12 月號（主婦之友社）廣告。帶著角隱[1]的模特兒超漂亮。

結婚式場神殿二ヶ所増設
營業案內贈呈
銃後の護り結びて強く
非常時の大奉仕
御婚禮壽料理
（時局に鑑みて、絶對値上げせず！）
七圓　五圓　三圓（各種共お土産折詰付）
◎一應他店と實質の御比較を乞ふ
◎意匠部・寫眞部・引物部
意匠部（經費節約の時節柄、御相談に應じます。）
江湖の皆樣へお願ひとお奬め
今や我國は國民精神の總動員を實施して難局の打開に當つて居ります。この時こそ平素より合理的經營により他店の絶對追從を許さぬ弊店獨特の壽御料理こそ時宜に適したものと存じます。おめでたき御婚禮と云へども經費を節約せられまして名も緣儀ゆかしいベビーボンド（小額公債）一枚でもお嫁樣へ御もたせ下されば これがなりよりの愛國にもおむこ樣にもよろこばれ一石二鳥とはこの事でござ
大東京　春日町
大國
電話　小石川　七番　五番　三番　五七番　五八番

寄羅莉系慰問明信片到戰場吧！

戰時的文物中，有一批堪稱慰問系商品的紙屑，只要冠上「慰問」、「慰問皇軍」，就什麼都可以的印刷品大量問世。這批紙屑包括著作權亂七八糟的盜版大眾讀物、一旦從慰問袋拿出來就變成垃圾的吉祥物布偶等，不勝枚舉。這是戰時印刷店努力經營的成果嗎？是一本萬利的生意嗎？或者形成了戰後粗劣雜誌叢生的土壤？各方見解不一。無論如何，一開始蒐集就沒完沒了。

在這些粗糙的慰問商品中，特別美麗且「實用」的產品就是大畫家松本盛昌的美人畫明信片（發行年代不詳）。一般而言，這些美人畫套組的內容都很均衡，包括熟女系、女學生系，以及農漁村、都市女性等。但以下套組似乎將重點放在「女學生」，總覺得很有刺激情欲的效果。

宛如羅莉系[1]直球對決，相當情色。例如「5」、「7」、「8」等，好萌啊！不愧是抒情畫權威的松本大師！如何活用這類慰問明信片呢？應該是年輕女性寄到戰地的明信片吧。可愛的圖片加上寄件人女性的名字，刺激了蒙上戰塵的士兵的妄想……，類似這種機關吧。簡言之，我想它就是「自慰的題材」吧。

頁95-103. 松本盛昌大師「皇軍慰問明信片」套組的袋子，一套八張。為方便解說，筆者將每張明信片編號如下：

1. 水手服的女學生，正在縫著千人針[2]。
2. 將桶子戴在頭上的漁村人妻風。
3. 欅掛[3]的新娘風。
4. 割草的少女。
5. 打網球的千金小姐。胸口縫上日之丸，也帶著手帕。
6. 牧場的少女風。
7. 郊遊的千金小姐，很口愛。
8. 手上拿著鉛筆，可能是正在素描的女學生吧。

皇軍慰問繪葉書
25
丸高
松本盛昌画
TRADE LONG MARK
No 6

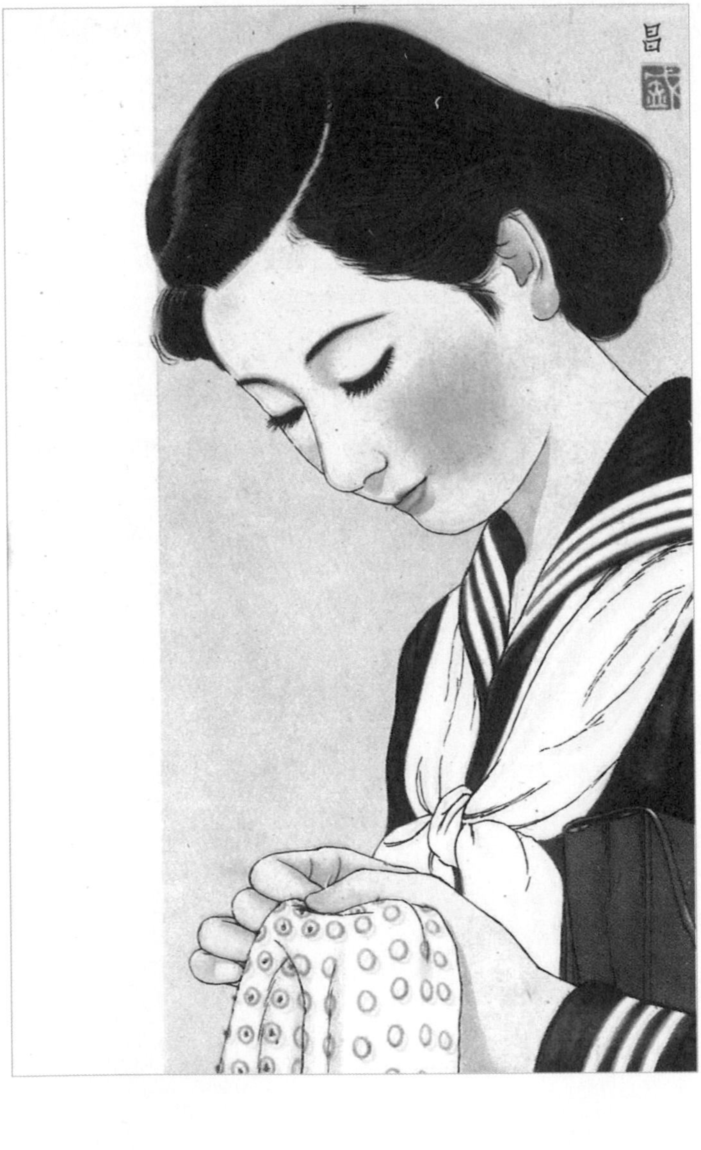

1

2

3

4

6

7

8

寫信給士兵先生吧！

無論在什麼時代，總是有人不太擅長寫信，更何況要寫「慰問信」給戰地的陌生人士兵先生，那就更難寫了。遇到這種困境的你，我誠心推薦「慰問信」完全手冊。過去出版過各種同類「慰問信」手冊，據說從甲午、日俄戰爭時代到「大東亞戰爭」末期，每次一發生戰爭，這種刊物就會幫出版社賺進不少銀子。

這些手冊所設定的情境非常豐富，令人驚嘆。例如：《寄給出征士兵的慰問信文章》（元文社編輯部編，玄文社，昭和十四年），光是由家人發出的信件，就有詳細的分類：「母親」、「妹妹」、「姊姊」、「伯母」、「妻子」、「年輕妻子」、「情人」、「未婚妻」、「女兒」等。若是「母親」，就會鼓勵兒子：「你是我們家的驕傲。」若是「妹妹」，就會說些可愛的俏皮話：「哥哥大人，謝謝您的照片。真的很帥氣，令人刮目相看。」「未婚妻」則會表達熱烈的愛情：「我腦子裡淨想著您。」「情人」則立誓忠貞：「除了您之外，我再也沒有可視為丈夫的人。」諸如此類，該書有諸多範例，可藉此顯示各自努力扮演著所分配到的皇國女性角色，在社會上與性別上的任務。

閱讀起來有點令人厭煩，總之，這些書籍是指導女性透過「慰問信」來扮演對受徵召男性來說最理想的女性形象。因此不難想像許多人不太擅長寫「慰問信」的原因了。

頁 105-106.
〈致荒鷲的士兵先生〉圖片，引自《少女俱樂部》昭和 15 年（1940）1 月號附錄《少女慰問文帖》。文章內容是專家寫的慰問信範例，如：「每當看到大編隊出擊前往支那深山轟炸的照片等，就讓人心情振奮」等，讓「荒鷲的大叔們」感動流淚，是一篇切中要害的好文。

荒鷲の兵隊さんへ

廣い空から日本を守つて下さる荒鷲のをぢさま。寒い冬がまゐりました。遠い戰地はどんなに寒くてつめたいことでせう。勇ましい荒鷲のをぢさまたちも、どんなにお骨折りなさつていらつしやることでせう。私たちが毎日安心して勉強してゐられるのも、强い日本の空軍、をぢさまたちのお働きのおかげです。

學校でも、私たちの組はみんな飛行機に夢中です。ブーンとプロペラの音が聞えると、お教室でもじつとしてゐられなくなります。すると先生がにこ〳〵して『一分間お休み』の號令をかけて下さいます。私たちは大急ぎで窓から首をのばして、空の方へ兩手をグル〳〵振り廻します。『あれが戰鬪機、あれが練習機』と先生が說明して下さるので、飛行機の名前や型も澤山覺えました。雜誌や新聞の飛行機の寫眞も、大事に切り拔いて集めてゐます。山深い支那の奥地を爆擊に向かふ大編隊の寫眞など、いくど見ても胸がをどります。

荒鷲のをぢさまたちが、かうして命がけで日本を守つて下さるやうに、お留守番の私たちも寒さに負けず、しつかり銃後を守ります。どうぞお體をお大事に、いさましく戰つて下さいませ。

（文・牧　水江◎繪・黑崎義介）

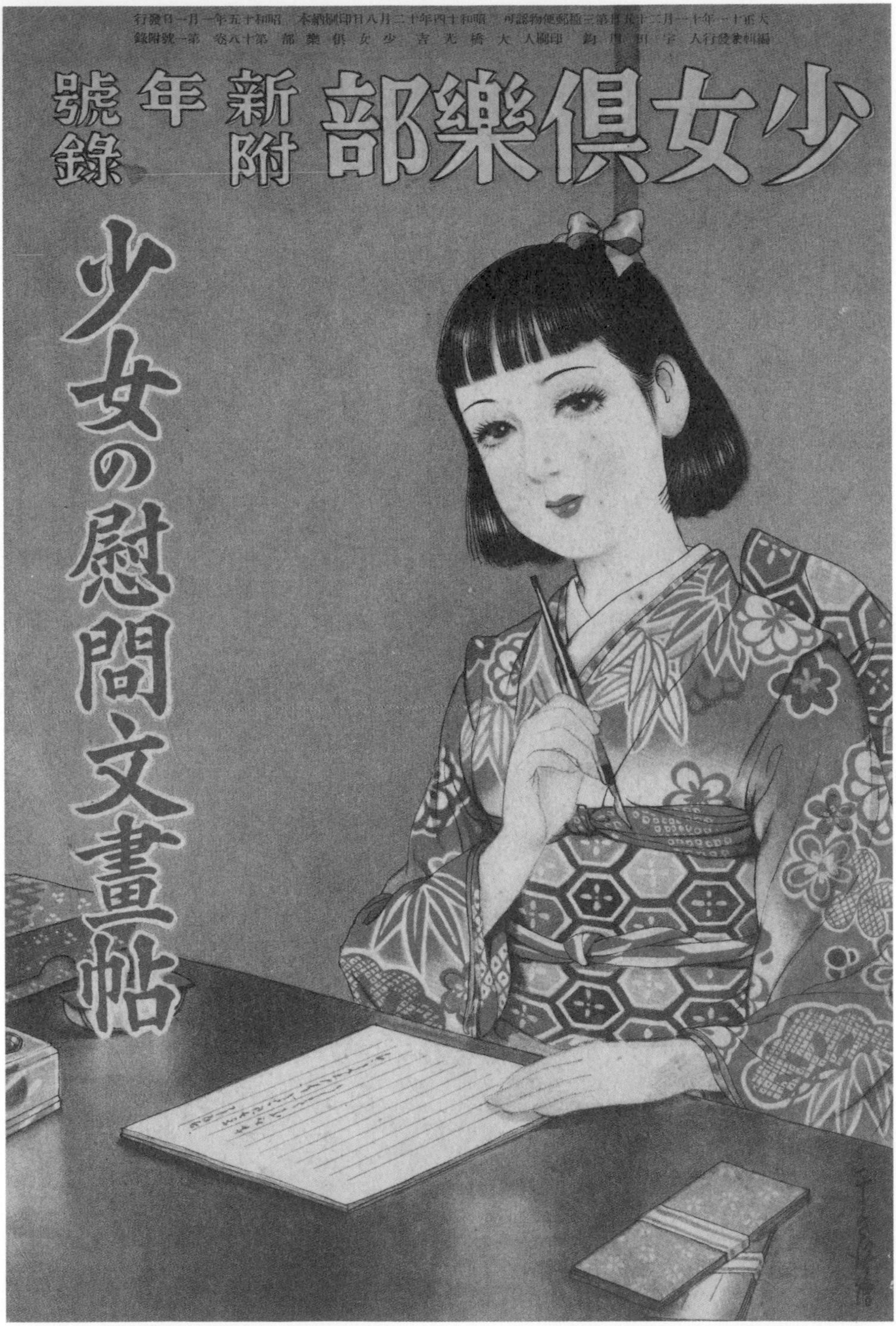
大正十一年十一月二十九日第三種郵便物認可　昭和十四年十二月八日印刷納本　昭和十五年一月一日發行
編輯兼發行人 宇田川鈞 印刷人 大橋光吉 少女俱樂部 第十八卷 第一號附錄
少女俱樂部
新年號附錄
少女の慰問文畫帖

青年學校女學生的軍事訓練

以下圖片是北海道名寄青年學校的軍事訓練情況。室內軍事訓練的照片很稀有，而且是女子部隊，單單這點就可成為相當有震撼力的圖片了。可惜除了校名之外，無法得知拍攝時間。

根據昭和十年（一九三五）所公布的「青年學校令」，既有的「實業補習學校」與「青年訓練所」合併成青年教育機關「青年學校」。昭和十四年（一九三九）頒布的敕令規定青年學校為義務教育，而且免學費。根據文部科學省的調查，昭和十七年（一九四二），全國共有二萬一千二百七十二所青年學校，學生人數高達二百七十一萬零九百八十六名。

「實業補習學校」提供修畢尋常小學校課程的男女學生職業教育，「青年訓練所」則是為了提供十六歲至二十歲之就業青年男子軍事教育而設立的教育機關。合併以上兩種機構後，「青年學校」本科有三分之一是軍事訓練。軍事訓練以男性為對象，但是在「大東亞戰爭」時期，以女子為對象的軍事訓練也逐漸編入課程中。然而，各地各校有所差異，無法得知詳細的實情。名寄青年學校女子軍事訓練的照片可說是記錄其中實況的珍貴資料。

下頁．照片背面有「名寄青年學校」的戳章，拍攝年代不詳。

聽軍艦大叔自顧自地說故事吧！

大阪的軍艦大叔

大阪市東區釣鐘町的橋本保之助先生，在昭和九年（一九三四）東鄉元帥[1]逝世後，因仰慕其德性而決定從事海軍推廣行動。他一邊經營本業的藥商，一邊自費製作軍艦模型，捐贈給許多國民學校，至今高達一百艘。現已獲得海軍協會的補助，並於捐贈演講時穿上特別批准的海軍服，以軍艦大叔之名在小朋友之間深受歡迎。

（《寫真週報》第二百十二號，情報局，昭和十七年三月十八日）

請各位看看這位以嗜好模型貢獻皇國的厲害軍艦大叔滿臉驕傲的神情吧！

根據報導，「自費製作」的軍艦模型似乎是由軍艦大叔親自操刀的。以下照片記錄了當時他在學校捐贈軍艦模型時於學生面前演說的模樣。在著名的社區怪叔叔面前，畏畏縮縮的小朋友露出垂頭喪氣的表情，令人印象深刻。

迷上軍艦的大叔不只橋本保之助先生一人。《Asahi Graph》昭和十七年（一九四二）二月十一日號（朝日新聞社）刊登了一篇充滿宅男臭氣的文章，題為〈將一生奉獻給模型軍艦的軍艦青年之熱情〉。文中提到的大阪貯蓄銀行玉出支店代理店長大塚種三郎先生（當時三十七歲），也將自己製作的軍艦模型捐贈給許多學校。根據報導，之前大塚先生便努力透過軍艦模型來「推廣海軍思想」，隨著「大東亞戰爭」開始，其熱情也更上一層。

聽說鐵道模型愛好者因為某些地區軍機法的限制，連火車照片都無法自由拍攝，相對來說，這些軍艦愛好者的興趣與國策是「幸福的」兩立並存吧。

一生を模型軍艦に捧げる

軍艦青年の熱意

打倒米英の擧劍が一閃するや、世界を震駭させる大戰果を收め、皇軍の征くところ、西に、東に、南に、靡かぬものもなく、また一億國民もこの大戰爭に決死の覺悟をもつて立ち上つたが、茲に十余年間海軍思想普及のため、模型軍艦を造つて全大阪の國民學校へ一隻づつ贈らうと、懸命にその製作にいそしんでゐた大阪貯蓄銀行玉出支店長代理大塚積三郎君（三〇）の熱意は、この秋に及んで、正に火となつて燃え上つた。

阪和上野芝驛前の同君の自宅には、一大軍港もかくやと思ふばかりに、整然と各種の軍艦が見事に列んでゐる。

大塚君は昭和八年頃から模型軍艦の製作に取りかゝり、既に戰艦「陸奥」巡洋艦「鳥海」「羽黑」「愛宕」驅逐艦「吹雪」等殊勲艦となく完成し正月、紀元節、天長節、明治節の四大節に一隻づつを全大阪各學校に寄贈し、命の續く限りをこの製作に沒頭しようとの意識であつたが、大東亞戰爭が勃發すると共に、同君の熱意は更に上にも熱揚されたのだつた。

その作品も、實に見事なものでその精巧さには、專門家も驚くほどである。（寫眞は軍艦を持つ大塚積太郎君）

詰將棋

八段 小泉兼吉 出題

（詰手順は次號掲載）

【55】持駒 角銀桂

上圖.〈軍艦青年的熱情〉，刊登於《Asahi Graph》昭和 17 年 2 月 11 日號（朝日新聞社）。我想送給他「自宅提督」的稱號。

左頁. 刊登於情報局編《寫真週報》第 212 號（昭和 17 年 3 月 18 日）的「軍艦大叔始祖」。

對日本刀抱持憧憬吧！

這張圖片是由情報局編輯的政府公關寫真誌《寫真週報》第三百三十四號（情報局，昭和十九年（一九四四）八月十六日）的封面。這期「時間的立牌」專欄原本在封面內，但在同年四月，版型從Ａ４放大為Ａ３，或許是為了節省版面而將該專欄移到封面。

直到日本戰敗為止，《寫真週報》共發行了三百七十五號，其中這期是以史上最扯的封面而著名。孫子跪坐，以憧憬的眼神看著爺爺（設定的背景應該是父親出征期間）拿出日本刀，這當然是「做出來」的。這期「時間的立牌」專欄的標語是「從小就抱著憧憬的刀，這把刀已按捺不住了，斬殺敵人吧。」了無新意地將這個標語視覺化，而成為這種照片。

在這期雜誌發行前的八月三日，天寧島的日本軍已經玉碎，但這本《寫真週報》在〈馬里亞納戰局重大階段〉的標題下寫道：「在天寧島[1]，居留當地的同胞中，十六歲到四十五歲的青壯年男子，大約有三千五百人組織了義勇隊，繼續與士兵攜手奮戰。」提升、鼓勵國民鬥志的政治宣傳，原來都建立在虛構上。

話說回來，政府公關刊物竟呼籲以日本刀斬殺敵人，這種二十世紀戰爭難以想像的落伍想法，令人啞口無言。不禁懷疑情報局的編輯對「戰爭」的想像是否還停留在戊辰戰爭[2]？

左頁．情報局編，《寫真週報》第334號，昭和19年8月16日。

寫眞週報
情報局編輯 八月十六日・第二三四號
時の立札
幼い時から憧れた刀
その刀がいま鞘鳴りしてゐる
敵を斬れ

加入軍人稚兒隊吧！

在千葉縣流山町誕生了一支「軍人稚兒隊」。由十一名六、七歲的少年勇士組成的部隊，在支那事變一週年時參拜松戶神社，追悼戰歿者的英靈，並祈願出征士兵武運長久。

這是刊登於《寫真週報》第二十四號（情報局，昭和十三年七月二十七日）卷末趣味照片專欄的文章。有位白癡想到，只要聚集附近的小鬼，讓他們穿上軍服參拜神社，就可造成話題，結果為後世留下這樣一張無可救藥、慘不忍睹的照片。在「軍人稚兒隊」後方有女童列隊，或許是想像中的從軍護士。這種兒童軍服並非扮裝愛好者的特殊產品，而是當時常見流行用於七五三的服飾。

昭和十二年（一九三七）十一月十六日，《東京朝日新聞》刊登了一篇〈豆將星齊聚　一片軍裝的七五三〉。從當時前後幾年有關七五三的報導可以發現，在昭和十年（一九三五）開始攻擊天皇機關說並啟動國體明徵運動期間，軍服七五三快速增加，當時《朝日新聞》報導如下：昭和十二年與十三年的男童七五三服裝，海軍將校服取代了西服與紋付袴[1]，躍上了第一名。陸海軍認為這「有助於涵養軍國思想」，因而認可兒童穿上大將服、將校服。據說在「大東亞戰爭」末期實行嚴格的衣料統制下，女童七五三穿燈籠褲的人口增加，男童卻仍舊維持軍服扮裝。

左頁．〈軍人稚兒隊〉，引自情報局編，《寫真週報》第 24 號，昭和 13 年 7 月 27 日。

來玩「衝撞遊戲」吧！

從戰前到戰時，「戰爭遊戲」被視為兒童與學童戰爭教育中的一環，積極推廣，而成為昭和十六年（一九四一）以降小學校與國民學校的重要課程。例如：將千葉縣東金國民學校培養成日本第一皇道教育模範學校的佐藤源輔校長，在其著作《戰時國民教育的實踐》（帝教書房，昭和十七年）中，「時局相關教育遊戲」列舉如下：

軍艦遊戲、戰車競走、飛機遊戲、陣地佔領遊戲、軍隊生活遊戲、慰問遊戲、擔架競走、包紮競走、儲蓄遊戲、大東亞佔領雙六[1]**、銃後奉仕遊戲**

以現在的眼光來看，我們無法理解「軍隊生活遊戲」、「儲蓄遊戲」等遊戲有何好玩之處。總之，其目的是透過「戰爭遊戲」讓兒童體驗模擬戰場和軍營生活，並「進一步認識時局」。

這些五花八門的「戰爭遊戲」當然不是兒童自然而然發展而成的。在兒童雜誌或以教師為對象的雜誌中，記錄了許多大人絞盡腦汁發明的奇怪遊戲。

其中之一是「衝撞遊戲」（《好孩子之友》，昭和十八年二月號，小學館），將木棒以膝蓋夾住，紅隊和白隊交戰，跌倒或棒子掉落就輸了，規則相當粗糙。這時神風攻擊尚未真正開始，連繪本都把個案的衝撞攻擊當作軍事美談予以刊登，將其形容為「愉快的遊戲」也無妨吧。

左頁．〈愉快的遊戲　衝撞戰爭〉，引自〈好孩子之友〉昭和 18 年（1943）2 月號（小學館）。玩這個遊戲時若實際嘗試「吶喊」[2]的話，很可能會自摔，好孩子絕不可以模仿喔！

ゆくゎいな　あそび　たいあたり　せんさう

あかぐみ　しろぐみに　わかれて、五十メートルぐらゐ　はなれて、一れつに　むかひあひます。つぎに　六十センチぐらゐの　ぼうを、あしの　ひざの　うしろがはに　はさんで、りやうてで　ぼうの　りやうはしを　もって、かがみごしに　なります。

「たたかひ　はじめ。」と　いふ　がうれいで、みんな　この　しせいのままで、とっくゎんして、おたがひの　からだを　つつきあひます。このとき、たふれたり、ぼうを　おとしたり　した　ものは、まけと　なります。

伏石繁男（ゑ）

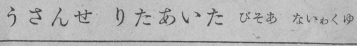

發明人體魚雷吧！

人體魚雷「回天」是大東亞戰爭末期投入戰場的決死特攻兵器。回天的實體展示於靖國神社內。它是名符其實的行動棺材，宛如大缸管（直徑約一公尺）的狹窄艇身，令人看了毛骨悚然。一般認為這是昭和十八年（一九四三）十二月由海軍黑木博司中尉、仁科關夫少尉構想發展出來的人體魚雷兵器，但事實上是在前一年，由一名學生「發明」人體魚雷。

以下圖片是刊登於以青少年為對象的科學雜誌《學生的科學》昭和十七年（一九四二）四月號（誠文堂新光社）中讀者發明競賽「我的發明」專欄。很遺憾這個「人體魚雷」案未獲入選，但上頭附有評審的解說與講評：

平田修君的「人體魚雷」是（中略）一名駕駛員橫躺在魚雷形狀的船艇上，船艇底部裝有一枚真的魚雷。此構造是從航艦以特殊的發射管發射，在水中行駛靠近敵艦一千公尺處，然後「人體魚雷」透過潛望鏡瞄準敵艦，發射真正的魚雷。這百發百中，若能完成一定很棒。

結果，竟然研發成功了！

平田的案子畢竟是以生還為前提。但實際開發的回天卻是在潛行艇的前方安裝一．五五噸的炸藥，撞上後連駕駛員都七零八落。我們無法得知發明者黑木和仁科

左頁．平田修君發明的「人體魚雷」構造圖，引自《學生的科學》昭和17年4月號（誠文堂新光社）。駕駛員穿好救命帶。

第八圖

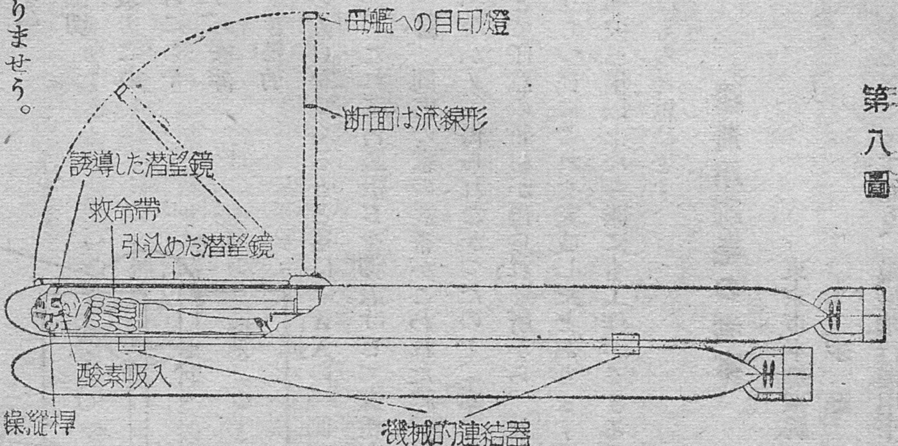

て發射されたなら、敵艦へ一〇〇〇メートルぐらゐ近づくまで水中を走り、やがて引込ませてゐる潜望鏡を起して敵艦を狙ひ『よしッ』といふ所で、本當の魚雷を放す仕組みになつてゐます。これこそ百發百中で完成したら素晴しいものになりませう。

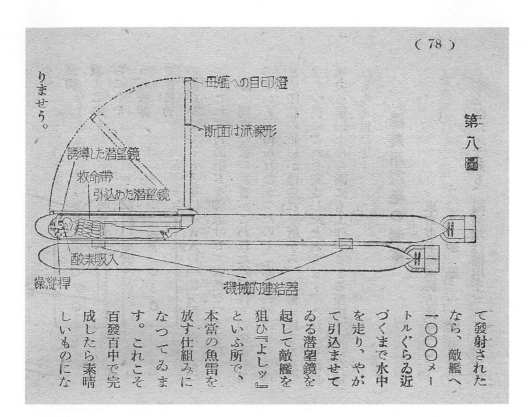

學生の科學
四月
第二十八卷第四號
誠文堂新光社發行

是否由這本《學生的科學》為基礎構思出回天，但這也不無可能。

像平田君這種新兵器、怪兵器發明控的突發奇想，經海軍荒謬將校之手得以實現後，帶來了可怕的悲劇。不僅如此，「人體魚雷」居然輸給「桌球網支持棒的改良」、「在鋼筆上填寫名字的方法」等無關緊要的發明，更是令人心痛。阿彌陀佛。

右頁 . 該號封面。圖片是日本士兵大叔抱著南洋原住民兒童。

不要因空襲而破壞了大和魂！

政府公關寫真誌《寫真週報》（情報局）封面裡有個「時間的立牌」專欄，收錄啟發時局意識的標語與圖片（若第一頁刊登天皇照片，也許會因為「不勝惶恐」而移至別頁）。以下圖片被認為是「時間的立牌」專欄的傑作……不，與其說是傑作，不如說是最愚蠢的作品。

這個作品發表於昭和十七年（一九四二）一月二十一日，大約在「大東亞戰爭」開始後一個月，那是民眾尚未感受到空襲危害的真實感，社會上充滿「戰勝」氛圍的時期，因此這個標語應該是為了呼籲因首戰勝利而得意忘形的國民要繃緊神經吧。

雖然如此，說空襲是「為了破壞諸君的心」，根本是赤裸裸的精神主義，從這個時代來看，真是令人無言。當時戰爭指導者在防空上最戒備的僅止於這種程度，不能不說後來的慘敗是必然的。

昭和十九年（一九四四）末以降，日本本土遭受了真正空襲，關於空襲所帶來的物質損害，幾乎未報導。雖然有防空實務說明的宣傳活動，但直到戰爭最末期，報章雜誌上仍充斥著大量毫無用處的精神主義標語。

左頁.「時間的立牌」，引自情報局編《寫真週報》第204號，昭和17年1月21日。

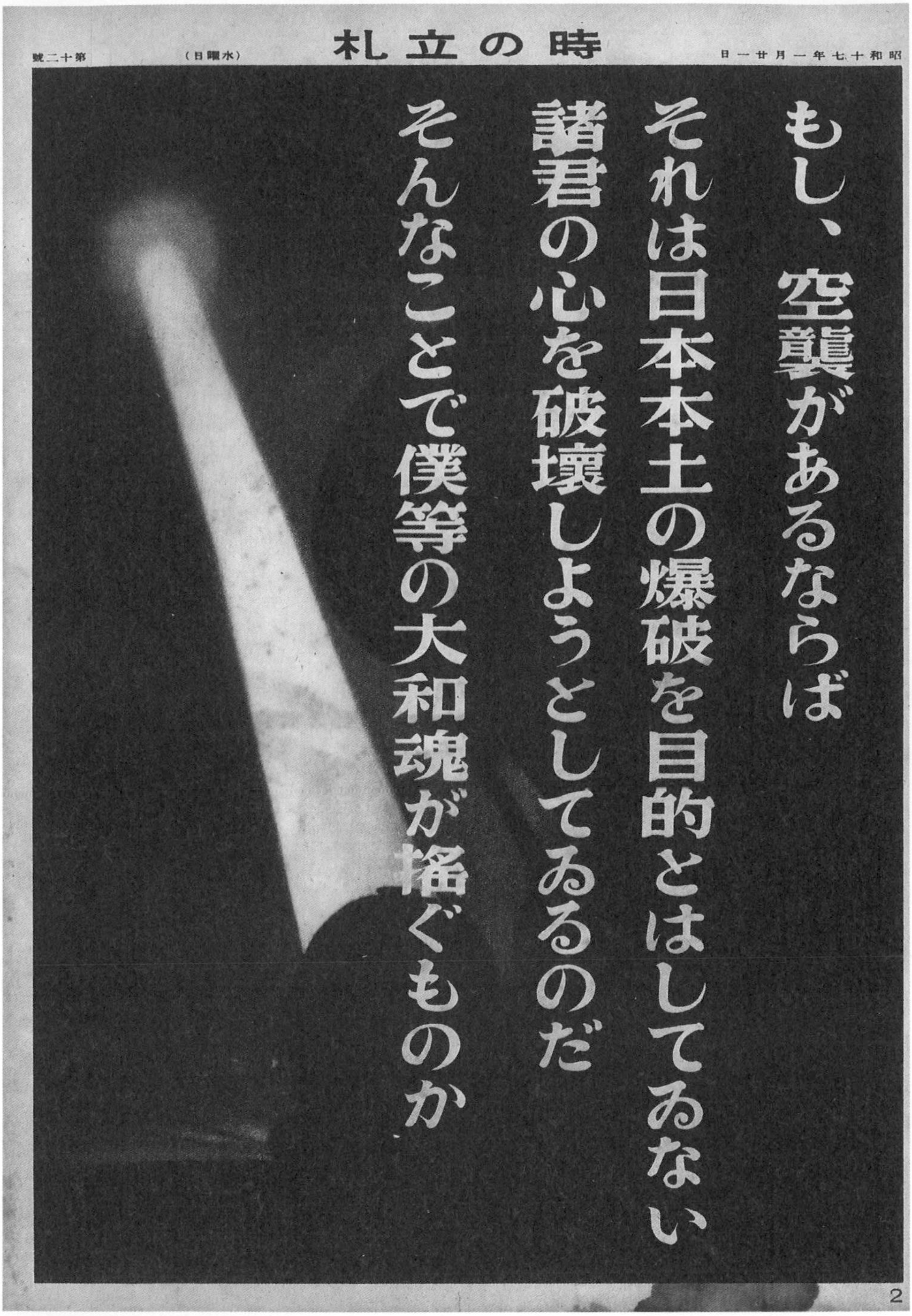
昭和十七年一月廿一日　時の立札　（水曜日）　第二十號

もし、空襲があるならば
それは日本本土の爆破を目的とはしてゐない
諸君の心を破壞しようとしてゐるのだ
そんなことで僕等の大和魂が搖ぐものか

2

要不要用飛機抓俘虜呢？

在缺乏娛樂的時代，能夠為沒有收音機的家庭提供「笑料」的，是一般雜誌的娛樂欄。在中日戰爭開戰前後，《家之光》（產業組合中央會）設計了雙色印刷的趣味專欄「家之光漫畫大行進」。該專欄提供以現代眼光來看很難稱得上「幽默」，也絕非「機智」，真的是難以形容且令人發寒的「笑料」。以下是刊登於《家之光》昭和十二年（一九三七）十一月號的「漫畫」，該怎麼說呢？簡直是一張「你在戲弄飛機嗎」的圖片。如何將投下的網子收起來？人們為何被網子纏住？我認為在技術上有很大的問題。雖然是老哏。

這幅漫畫的題材來自讀者的投稿。以類別來說，可說是「幽默必勝法」吧。在今天看來，根本不懂這幅漫畫的笑點在哪裡。輕視敵人，或者將敵人描述為笨蛋，以政治宣傳來看到底有多大的效果呢？不禁令人沉思起來。

從山中恆先生的《我們少國民》系列可知，直到「大東亞戰爭」末期，戰爭都在海外發生，「內地是和平的」。「膺懲支那軍的暴戾以促使南京政府反省」，所謂的「暴戾支那膺懲」發布於昭和十二年八月十五日，是著名的政府聲明。由此看來，或許要動員人民參與戰爭的基本論調，就是徹底打敗愚笨駑鈍的「支那」軍吧。這種輕視敵人的「笑料」類型，在以美英為敵的總力戰下戰時動員政治宣傳中便銷聲匿跡了。

左頁．「家之光漫畫大行進」專欄的一部分，引自《家之光》昭和 12 年 11 月號（產業組合中央會）。

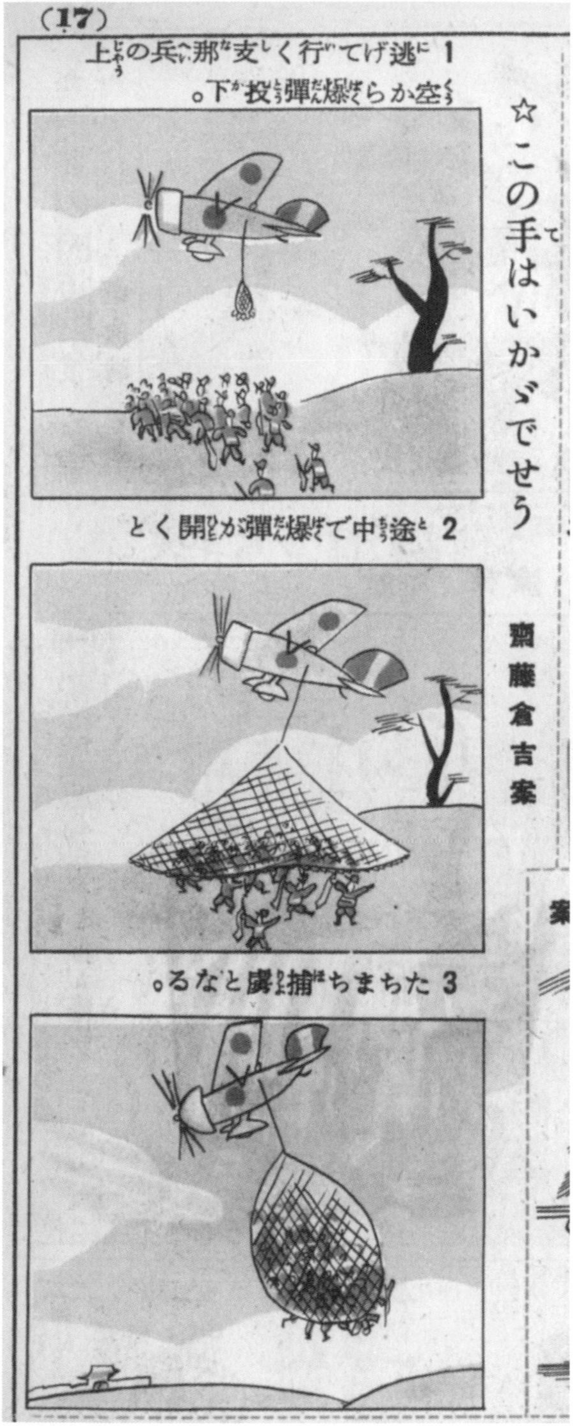
(17)
☆この手はいかゞでせう
齋藤倉吉案
1 逃げて行く支那兵の上空から爆弾投下。
2 途中で爆弾が開くと
3 たちまち捕虜となる。

為防備深夜空襲來做「蒙眼訓練」吧！

光看圖片，是相當新穎的家庭團圓畫面，但其實是防備空襲的正經訓練。這是刊登於《富士》昭和十九年（一九四四）八月號（大日本雄辯會講談社，由《KING》（國王）改名而來）的記事，如文章說明，在一片黑暗中穿好防空服安全避難，是一個迫切的問題。正因為如此，《富士》闡述「蒙面訓練」的重要性。

這個訓練有兩個階段，第一階段是在「蒙眼」三分鐘內穿好防空服。以下插圖描繪的是第一階段。父親正試著在褲子上打綁腿。也許只要習慣就有辦法，但要在黑暗中以三分鐘打好綁腿，未免太困難了吧？不過話說回來，在這種緊急狀況下，為何不穿戴腳絆或緊身褲？令人不禁發出疑問。

無論如何，全家都能蒙眼穿好裝備後，接下來便是：

主人在深夜突然號令一聲：「空襲警報！」然後根據實際狀況進行訓練。家庭裡的訓練往往缺乏嚴肅性，因此這時候重要的是主人要採取嚴厲的態度。

如上所述，升至第二階段時，就是在三更半夜父親突然大叫「空襲警報！」這種黑暗中的整人節目。我從未看過全家進行這種訓練的證言記錄，大家真的有認真執行嗎？

左頁．引自《富士》昭和19年8月號（大日本雄辯會講談社），卷首「防備深夜空襲」特輯。

（大槻さだを畫）

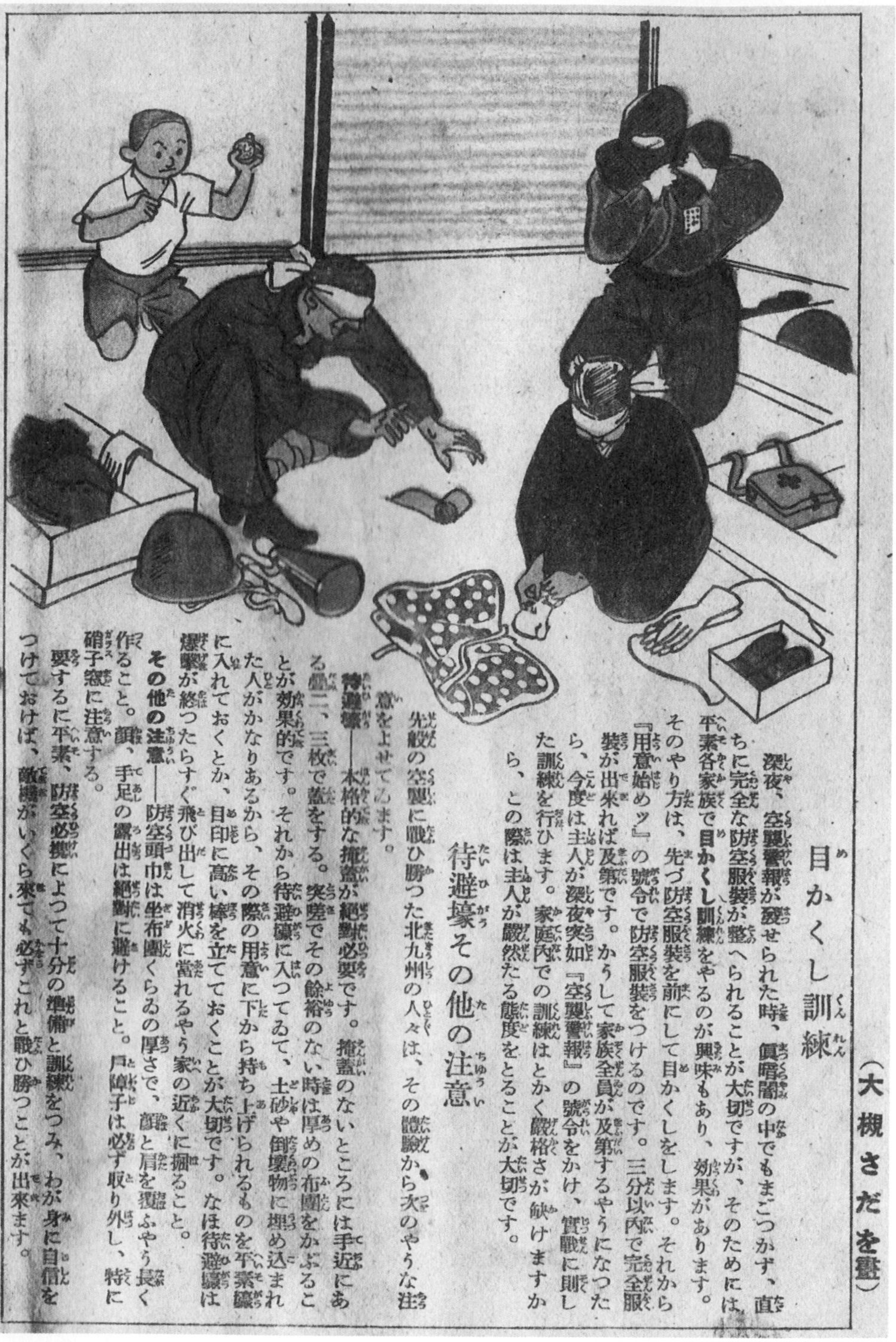

目かくし訓練

深夜、空襲警報が發せられた時、眞暗闇の中でもまごつかず、直ちに完全な防空服裝が整へられることが大切ですが、そのためには、平素各家族で**目かくし訓練**をやるのが興味もあり、効果があります。

そのやり方は、先づ防空服裝を前にして目かくしをします。それから『用意始めッ』の號令で防空服裝をつけるのです。三分以内で完全服裝が出来れば及第です。かうして家族全員が及第するやうになつたら、今度は主人が深夜突如『空襲警報』の號令をかけ、實戰に則した訓練を行ひます。家庭内での訓練はとかく嚴格さが缺けますから、この際は主人が嚴然たる態度をとることが大切です。

待避壕その他の注意

先般の空襲に戰ひ勝つた北九州の人々は、その體驗から次のやうな注意をよせてゐます。

待避壕――本格的な掩蓋が絶對必要です。掩蓋のないところには手近にある疊二、三枚で蓋をする。突嗟でその餘裕のない時は厚めの布團をかぶることが効果的です。それから待避壕に入つてゐて、土砂や倒壞物に埋め込まれた人がかなりあるから、その際の用意に下から持ち上げられるものを平素壕に入れておくとか、目印に高い棒を立てておくことが大切です。なほ待避壕は爆撃が終つたらすぐ飛び出して消火に當れるやう家の近くに掘ること。

その他の注意――防空頭巾は坐布團くらゐの厚さで、頸と肩を覆ふやう長く作ること。顔、手足の露出は絶對に避けること。戸障子は必ず取り外し、特に硝子窓に注意する。

要するに平素、防空必攜によつて十分の準備と訓練をつみ、わが身に自信をつけておけば、敵機がいくら來ても必ずこれと戰ひ勝つことが出來ます。

用一升瓶[1]防備空襲吧！

這張圖片所介紹的「代用吸收罐」，是為了能夠在沒有防毒面具的情況下暫時呼吸，結合了大日本帝國科學的精粹所研發出來的東西。它刊登於《主婦之友》昭和十九年（一九四四）十二月號（主婦之友社）的特輯「瓦斯空襲與家庭防護」。運用炭來吸收毒瓦斯，利用粉炭、「以焙烙將玄米炒到焦黑的東西」等身邊容易調度的材料來製作活性碳，可以窺見「科學之心」（橋田邦彥[2]）。

用嘴叼住無妨，但不禁令人擔心是否會不小心以鼻子呼吸。仔細一看，發現了可貴的指示：請記得準備「鼻夾」。然而，儘管呼吸沒問題，但皮膚裸露在外，令人擔憂是否會受某些毒瓦斯影響。

然而，只要做好心理準備，根本不用擔心毒瓦斯的攻擊。這篇文章的開頭有以下令人放心的說明：

然而，不需要過分害怕毒瓦斯。雖然對瓦斯毫無防護，恐遭各種危害，但只要稍微了解其真面目並好好學習對策，比起炸彈、燒夷彈等，更容易防備。只要防護與訓練，就能降低瓦斯的傷害。「對於毒瓦斯不必惶恐」，不恐懼也不輕忽，抱著堅定的信念做好萬全的防護措施吧！（指導）教育總監部・化兵監部・甲斐勝衛少佐

左頁．引自《主婦之友》昭和19年12月號，「瓦斯空襲與家庭防護」特輯。同樣的「代用呼吸罐」出現在海野十三[3]著《愛國防空小說　空襲警報》，《少年俱樂部》昭和11年（1936）7月號特別附錄，可知更早以前就已開始研發。

▲瓦斯と前後して燒夷彈火災が起つたら、防毒面などを被つて消火に挺身するのだ。

瓦斯の性質

分類	代表的な瓦斯	瓦斯の性質	注意
催涙瓦斯	鹽化セトフェノン	眼が痛くなつて涙が出るが、盲目になることは決してない	一、眼を擦るな 二、瓦斯が去つて暫くすると癒る
くしやみ瓦斯	アダムサイト、	鼻や咽喉が痛くなつて嚔やくしやみが出る 濃く吸ふと胸が苦しくなるが、どんなに苦しくても死ぬやうなことは滅多にない	一、走ると症狀はなほひどくなるから、靜かにしてゐる 二、どんなに苦しくとも騷ぐな 三、瓦斯が去れば、一時間くらゐでけろりと癒る
窒息瓦斯	ホスゲン	瓦斯を吸つても刺戟がないので知らず〳〵多量に吸ひ込みやすい、多量に吸ふと、二三時間後から呼吸が苦しくなり、肺水腫を起す	一、この瓦斯の中では決して走るな 二、絶對安靜にすること
中毒瓦斯	青酸	淡い瓦斯を吸ふと頭痛がしたり眩暈がする 濃い瓦斯を吸ふと卒倒することもある 輕い瓦斯であるから、濃い中毒瓦斯がくることは滅多にない	早く瓦斯外に出る
糜爛瓦斯 氣狀瓦斯	イペリット	濃い氣狀瓦斯や霧狀のものは眼を害し、吸入すると咽喉が痛くなつて呼吸器を傷める	一、眼、呼吸器の防護を怠るな 二、皮膚が赤くなることもあるが、大抵二三日で黑くなつて癒る
糜爛瓦斯 液狀瓦斯	ルイサイト	眼に入るとひどく充血して失明することがある 皮膚につくと四五時間後に、赤く腫れて十時間以上すると水疱ができ、火傷のやうになるが、骨や肉までは侵されない 五六分で衣服を滲み通り、皮膚を害する	一、眼の防護を忘れぬこと 二、飛沫のついた食物や水をそのまゝ食べてはならぬ

瓦斯彈が落ちたら

▲特有の臭ひがするか、警報を聞いたら、

(イ)すぐ呼吸を止めて、防毒面をつける。

(ロ)**代用吸收罐**を持つてゐれば、その口を銜へ、鼻を塞いで靜かに呼吸する。

(ハ)防毒面も代用吸收罐もないときは、**代用マスク**をする。

＊**代用吸收罐の作り方**

(一)一升罎かビール罎を十—十五糎の長さに切つて、中に綿と吸收劑を詰め、底をガーゼ類で覆つてキチッと絲で縛る。

(代用吸收罐の作り方)

(二)**吸收劑は**、小豆粒大の粉炭か玄米を焙烙でよく炒つて黑燒にしたもの。

(三)罎やボール紙、綿、吸收劑は充分乾かして使ふことが大切。

(四)出來上つたら罎の口を銜へ、鼻を摘んで呼吸してみる。平素の呼吸より少し力のいる程度ならよい。あまり樂々と呼吸が通るやうでは駄目。吸收劑の粒が大きすぎるか、或は罎と中味の間に隙間があるのだ。反對に、呼吸が非常に苦しいのも役立たぬ。これは、綿に彈性がなくなつてゐるか、綿や吸收劑が濕つてゐるかである。

(五)出來上つたら袋に入れて首から吊し、吸口をゴム管などで延しておく。

(六)鼻摘み(洗濯挾みでもよい。)を作つて使ふと便利。

(七)使はないときは口に栓をして乾燥したところにおく。作り放しておかず、二ケ月に一回くらゐよく檢査すること。

＊**代用マスクは**、水か薄い石鹼水で輕く濕して八つ折にしたタオルで鼻口を覆ひ、その上から細長くたゝんだ手拭を被せて後で縛る。

(代用マスクの作り方)

▲**持久性瓦斯**の臭ひがするときには、

(イ)防毒面をつける。面のない人は水泳眼鏡をかける。眼鏡のないときは、眼を閉ぢよ。

(ロ)瓦斯彈が近くに落ちたときは、皮膚や被服に瓦斯の飛沫がついてゐないかよく調べる。

意思是要我們「精準地害怕」，只要備妥這個代用呼吸罐就沒問題。好像有人告訴我們：即使稍微曝露，也「不至於立即有影響人體的程度」[4]。

學徒勞動動員的假日

這是我偶然取得的鎌倉觀光紀念照片。照片背面記載著日期「昭和二十年一月二十日（公休日）」，以及照片上少女的名字。由此可知，照片左上的人物便是「我」，其他人則是「北海道友人」和岩手縣、宮城縣的少女。

實在很難想像，這個時期來自各地的少女，竟特地從出身地到鎌倉觀光旅行。從身穿水手服和燈籠褲的女學生與疑似領隊老師的年輕人來看，可以推測這張照片是從北海道、東北各地動員到神奈川縣工廠工作的女學生，在假日參觀鎌倉的記錄。

從「記錄神奈川學徒勞動動員之會」編《學徒勞動動員的記錄——戰爭中的少年和少女》（高文研，一九九九）書中可看到被動員者包括北海道、岩手縣、宮城縣的少女，由此推測他們可能是被動員到相模陸軍造兵廠服務的少女。根據該書，昭和十九年（一九四四）以降，北海道除了五所高等女學校之外，還有釧路女子技藝、根室．北見地區的女子挺身隊隊員，從大老遠被動員到神奈川縣。北海道的少女們被調至相模陸軍造兵廠組與石川島芝浦渦輪發動機工廠組。

以橫須賀海軍工廠、相模陸軍造兵廠為首，神奈川縣境內有川崎等集中重工業的軍事工業區，單單縣內就有三萬人，甚至在以東日本為主的地區，大約動員了兩萬名學生、學童。從起因於勞動力強制調配的人口移動的觀點來看，這個數量相當可觀。

下頁．筆者偶然取得的老照片，女學生的紀念照片，拍攝於昭和 20 年（1945）1 月。

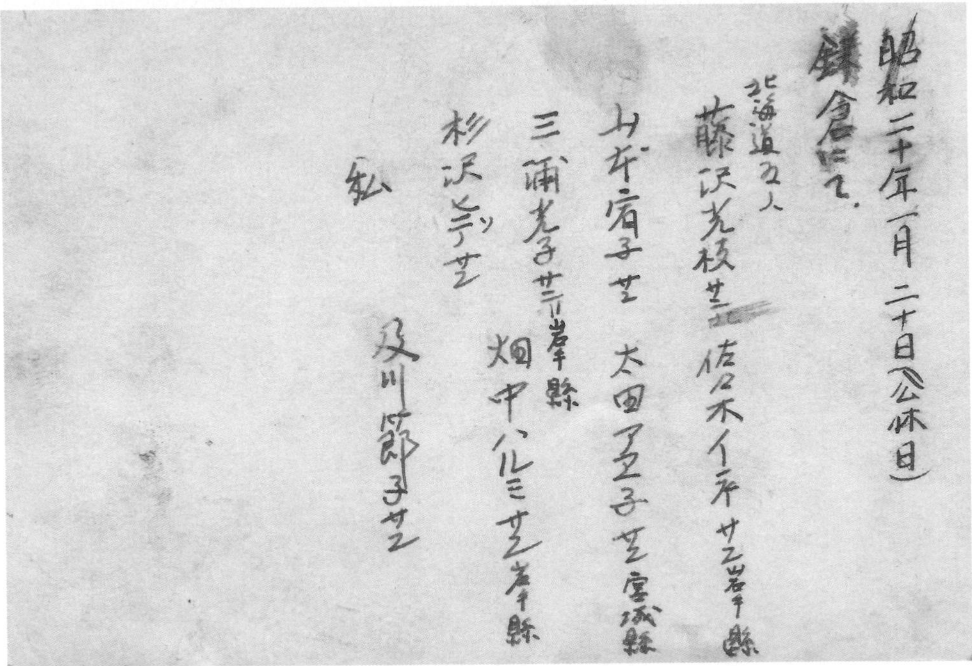

昭和二十年一月二十日（公休日）
鎌倉にて。
北海道五人
藤沢光枝さん　佐々木イネ　さん　岩手県
山本宥子さん　太田アヤ子さん　宮城県
三浦光子さん　岩手県　畑中ハルミ　さん　岩手県
杉沢ミツさん
私　及川節子さん

【專欄】

與稻草人決鬥吧！

這張著名的照片象徵著神國日本「兵農合一的戰鬥魂」。根據圖說，地點在新潟縣塚山村（現合併為長岡市）。說明如下：村長提議在村里各處「裝置稻草製的標誌與竹槍，從此以後，無論人、牛、鋤頭或糞桶，都不准隨意在標誌前路過。」真是厲害。荒唐村長的突發奇想竟然就這樣名垂青史了。（無言）

撃ちて止まむ

兵農一如の闘魂

イヤーツ、トゥー！

全身全霊を打ち込んで裂帛の氣合もろとも繰出した必殺の一撃―田圃への往きを、歸りを利用して、蓑笠つけた農兵が錬武錬成のひとときである

こゝは新潟縣の塚山村、昨年の春、村長の提案で銃剣道による村民の錬成が企てられ、村の辻々に藁の假標と竹槍が備へつけられてからは、人も、牛も、鍬も、肥桶もこの假標の前を無礙に通り過ぎることを許されない銃剣道に生きる村だ

いまも繰出された手練の一本は、見事、假標の心臓部を貫いて、農兵の面目まさに躍如……

かくて一年三百六十五日、雨の日も風の日も培はれてゆく強靱な一人一人の力を結集して、全村米英撃滅へ、健兵健民の備へはいよ〳〵固い

撮影 梅本忠男

上圖．情報局編，《寫真週報》第 262 號，昭和 18 年（1943）3 月 10 日。

四

雖然搞不太清楚，但還是要有愛國心

帶希特勒青年團爬富士山吧！

作為日德友好的象徵，同時也是以日德義防共協定為基礎建立高度國防國家的宣傳活動，當局充分利用了昭和十三年（一九三八）希特勒青年團（ＨＪ）[1]的訪日活動。然而，「友邦德國」的青年也十分理解「日本」，努力加深兩國間友好的紐帶關係……，為了製造這種故事，三十名ＨＪ訪日團，被迫在長達三個月的時間裡走遍全日本，受邀出席各地的紀念活動，並致詞表達友好。他們也被迫參觀各地名勝古蹟等，歷經了極忙碌的行程。

在ＨＪ訪日團紀錄《日德青少年交驩會事業概要》（日德青少年團交驩會編，日德青少年團交驩會，昭和十四年）所收錄整理的〈希特勒青年團派遣團日本國內旅行路程〉，光是住宿地點就多達四十五處。他們到訪之處，當地有力人士都會舉辦晚宴等，真是不得了。不禁令人同情，儘管受過規律與統制訓練的ＨＪ，被迫聆聽日本地方領導人冗長的致詞，應該很辛苦吧。

總之，身為日德友好的象徵，他們在各地從事各種活動。特別是攀登富士山，將大約四張半榻榻米大小的巨大納粹萬字旗與「日之丸」一同舉起，像這類仔細一想其實是非常莫名其妙的活動不勝枚舉。不僅如此，在濕度偏高的日本，他們被安排了滿檔的行程，因此ＨＪ團員紛紛生病了，尤其是備受「頑癬」折磨，據說大約有十名團員因此取消出席活動。

左頁．引自情報局編，《寫真週報》第25號（昭和13年8月3日），在富士山揮舞著「日之丸」與「納粹萬字旗」。圖片說明：「懷抱世紀感恩之心，在富士山頂揮舞著、揮舞著防共國旗。現在是日本和世界的黎明，旗子在風中飄舞。」由土門拳拍攝。

撮影　土門拳

觀賞日劇秀《希特勒萬歲》吧！

為了配合昭和十三年（一九三八）希特勒青年團訪日，日劇舞蹈團[1]演出了題為《希特勒萬歲》的十五幕輕鬆表演劇。這正是絲綢之路開始以來東西文化交流史上名留千古的古怪畫面。

在照片上的是日劇舞蹈團的團員。根據圖說：

「希特勒萬歲」

這是日劇舞蹈團結束京都、名古屋、橫濱各劇場的巡迴公演回到東京後，為了歡迎希特勒青年團而演出的日劇[2]秀，由三林亮太郎創作、佐谷功編劇，及益田隆、荻野幸久、Olga Sapphire、花柳壽二郎等人編舞。上圖由右至左依序為須田圭子、柴田早苗、銀曉美、長部千鶴子、小野美鳥，下圖是舞蹈團的女性團員。

她們的服裝是難以形容、似是而非的納粹制服。可見東洋人的納粹裝扮非常難看。表演內容似乎是納粹贊歌與德國民族舞蹈的拼湊版，詳情已不可考。真令人好奇，到底是什麼樣的舞蹈？

左頁．《國際寫真新聞》第219號，同盟通信社，昭和13年9月。

⇧岡田惠吉、河井濤のアメリカ歸朝土產のグランド・ショウ「**ビツグ・アツプル**」（東寶劇場上演）に出演する寶塚少女歌劇月組のスタア達。

（右）響千鈴（右）櫻町公子（中）小雪京子（左）

左（上）逢阪せき子（右）と玉津眞砂（左）**（中）**藤花ひさみ（下）チヤツクルスに扮した小夜福子。

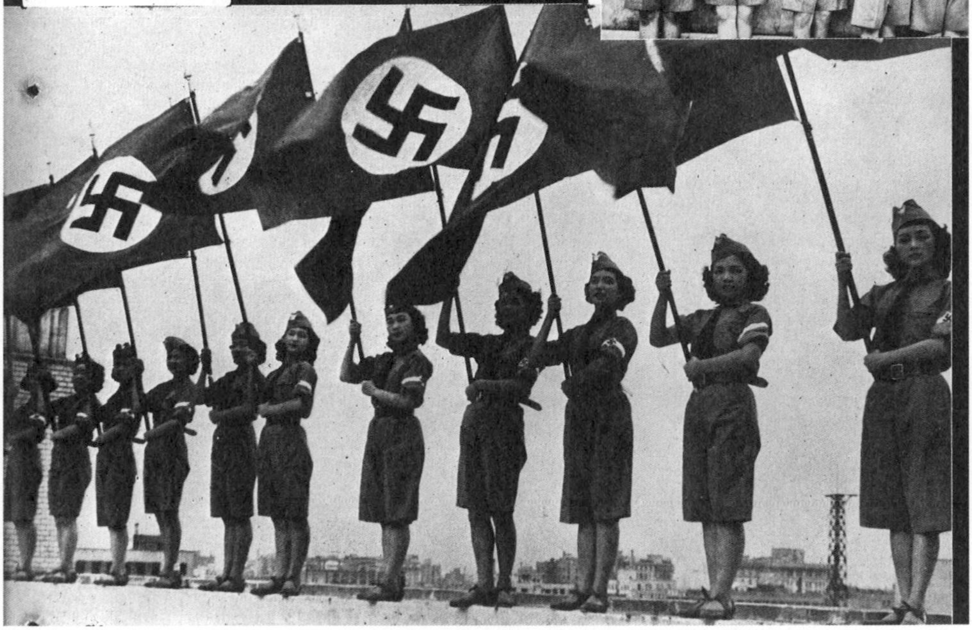

報名參加森永日德義親善繪畫競賽吧！

為了紀念昭和十二年（一九三七）日德義防共協定的簽訂，森永製菓[1]向日德義三國中小學生徵求「日德義親善圖畫」。根據昭和十三年（一九三八）二月十一日「紀元節」刊登的徵件廣告：

為確立人類的幸福與世界和平，日本、德國、義大利躍進三大國成立防共協定，真的太值得慶賀了。我相信透過圖畫這樣的國際語言，三國的少年少女諸君攜手合作，將對三國親善發揮巨大貢獻，（中略）決定執行本計畫。

這是附上森永製菓社長松崎半三郎[2]署名的文章。贊助單位包括外務省、文部省、陸軍省、海軍省以及德國大使館、義大利大使館，為了炒熱競賽的氣氛，同年四月十日包下東京豐島園[3]，在此舉辦「日德義親善圖畫遠足（寫生會）」，可見森永製菓相當重視該企劃。或許這些相關活動奏效，光是日本國內就募集到四百萬件（！）作品，非常驚人。

此次三國兒童圖畫競賽的成果製作成非賣品豪華畫集而留存下來。日本入選作品主要以沿襲西洋繪畫傳統的風景畫和人像為主。德國則主要是以民族舞蹈等傳統為主題的兒童畫，很少出現納粹式的象徵。意識形態最濃厚的是義大利的作品，忠實於「日德義防共協定」[4]的主題，描述法西斯黨的圖像，以及圖像化的德國、日本。

左頁．引自《日德義親善圖畫》，杉江敬治（日本）的「建國體操」。

建國體操　杉江敬治　大阪府 櫻宮尋常高等小學校　尋一

38.0c.m×29.0c.m

J. MÜLLER 292 Volksschule, BERLIN 19.4c.m×25.4c.m

圖畫的設計感、構圖，而且具備描述抽象主題的能力，難以置信都是「兒童」的作品。顯然三個國家的圖畫競賽概念各有不同。順便一提，令人遺憾地，這個日德義繪畫競賽的巨大計畫，森永製菓官方網站的「沿革」卻隻字不提。

右頁．引自《日德義親善圖畫》，J. Müller（德國）的作品。

下頁．引自《日德義親善圖畫》，Professionale Industriale FOLIGNO（義大利）的作品。

21.4c.m×31.5c.m

(a. 12) Scuola Secondaria di Avv. Professionale Industriale FOLIGNO

學習德語吧！

凡是學習德語的人一定曾用過《關口．初等德語講座》（三修社，一九八二）。這位關口存男[1]先生在戰爭時期主持這種雜誌。誠如讀者所見，《月刊講座　德語》（日光書院）的封面非常「納粹」。其他各期的封面也都刊登了很精緻的拼貼圖。

這是以德語學習為主的雜誌，內容相當充實，不過有時文中所介紹的時事德語實在太誇張了。

翻閱到德語日譯題目的解答範例，會看到以下內容：

笨蛋的新記錄　在大東亞戰爭開戰之前，世界對日本空軍的強大一無所知。美國與英國在異常茫然的狀態下進入戰爭狀態。（中略）這些事實是很好的範例，也就是人只要要笨就可以笨到非常誇張的地步。

德語的「大東亞戰爭」原來是 Groß ostasiatischer Krieg 啊，該書在提供這種冷知識方面很有用。另外還出現了「日本空軍」（japanischen Luftwaffe），好像是虛構戰記，頗耐人尋味。[2]

另外，德語作文題目也不簡單：

天皇命令我們做的事，對我們來說是很神聖的。

Das, was Der Kaiser uns Befiehlt, ist uns leilig.

愛國者諸君應該要全文背誦吧。

上圖．關口存男主持，《月刊講座　德語》昭和 16 年（1941）11 月號（日光書院）封面。

左頁．同雜誌，昭和 17 年（1942）11 月號封面。

月刊講座
主宰 關口存男
ドイツ語
昭和十三年五月十一日第三種郵便物認可（毎月一回二日發行）
昭和十七年十月二十五日印刷納本 昭和十七年十一月二日發行
第5巻
8
第 號
11月號

與法西斯黨一起向富士山行最敬禮吧！

昭和十三年（一九三八）三月，義大利政府指派「法西斯黨訪日親善使節團」Paulicci侯爵一行十八人訪問日本。他們在長崎登陸後，搭「國賓列車」前往東京，從東海道線列車的車窗眺望富士山，讓他們非常感動。《國際寫真新聞》第二〇四號（同盟通信社，昭和十三年四月）有以下報導：

啊！富士山！神國日本的威容讓他們深受感動

（中略）

晴空萬里的一天，透過車窗可以看到神國日本的威容，富士山悠久的容貌迎接國賓使節團。一行人深受感動，高高舉起右手表達敬意。啊！富士山！

法西斯黨員在東海道線車上歡樂喧鬧，我們可以清楚地感受到現場一片激動。這個法西斯訪日親善使節團與後來訪日的希特勒青年團一樣，造訪日本各地並留下受「歡迎」的記錄。他們在東京參觀了靖國神社、明治神宮[1]、東京市中央批發市場[2]、陸軍士官學校[3]、講道館[4]、銀座、多摩御陵[5]等。他們留下一張紀念照，一行人被漂亮的藝妓包圍而露出滿意的表情。也有記錄顯示，他們在明治神宮種植了楊桐，以紀念此次參拜，說不定當時法西斯黨員種植的樹木還健在喔。

左上．引自《國際寫真新聞》第204號，昭和13年4月（同盟通信社），因為看到富士山而雀躍欣喜的法西斯黨訪問團。

左下．被藝妓包圍而歡欣鼓舞的法西斯黨訪問團。

前衛地表現「建設日本」吧！

在雜誌《主婦之友》昭和十四年（一九三九）九月號（主婦之友社）裡突然出現謎樣的彩色照片集「建設日本」，由〈海洋日本〉、〈航空日本〉、〈工業日本〉、〈大陸日本〉等四部構成，每張圖片都是知名女性舞者分別擺出奇妙的姿勢。

各部都附上以《國境之町》作詞者聞名的大木惇夫[1]的詩作，以下附圖的〈工業日本〉詩作如下：

旋轉的齒輪，火花濺飛
機器相同卻功能百倍
只要注入大和魂就會啟動

這是一首充滿精神主義，很有氣魄的「建設日本」贊歌。

大木安排的詩作題材分別如下：〈海洋日本〉是前往南冰洋的捕鯨船；〈航空日本〉是國產機環遊世界；〈工業日本〉是銃後的建設戰士；〈大陸日本〉則以滿洲開拓移民為題。這些都是當時「雄飛日本」的代表形象，也都是與帝國主義式侵略密切相關的要素。但這本《主婦之友》的照片，盡可能將「建設日本」表現得既摩登又美麗。結果讓這些以現代眼光來看非常異樣的作品永垂後世了。

左頁．〈海洋日本〉，引自《主婦之友》昭和 14 年 9 月號（主婦之友社）。

跨頁．〈大陸日本〉（右）。這是非常危險的姿勢，有可能被耕耘機捲進去。好孩子不可以模仿喔。〈航空日本〉（中）、〈工業日本〉（左）。

建設日本

海洋日本

貝谷八百子
大木惇夫（詩）
（九十九里濱にて）

海を繞らす日の本の
海の子は行く、勇ましく
萬里の波濤蹴やぶつて
鯨捕るのも、海の果。
雲うつ水も覇を競ひ
世界の渦の巻くところ、
南氷洋の氷山に
くれなゐ燃ゆる日の御旗。
逞き父祖の血をうけて
戦ひ勝つた海の子は
寶の船に凱歌して
故國にもたらす海の幸。

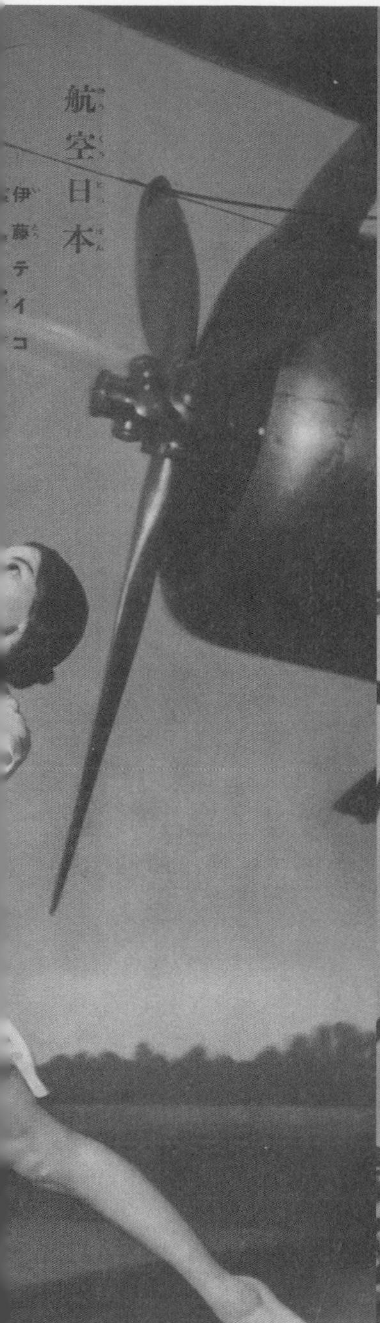

航空日本

伊藤テイコ

大陸日本

石井カンナ
大木惇夫（詩）
（三里塚農場にて）

嵐は西に過ぎ去りて
流るゝ雲に、行く水に
土に久遠の安らかさ、
御稜威あまねく輝けり。

見よ、大陸に動くもの
希望刈り取る草刈機、
荒地も今は黄金なす
秋の實りのよろこびよ。

皇亞細亞を興すため
故郷ならぬ故郷に
屍埋めんと懲める
汗と力の尊さよ。

歩も蒼穹も、青空に
光とたのむ翼あり、
やまと男の子の魂籠めし
銀の翼よ、鳴る翼。

朝に羽田を飛びたちて
晝は北京に茶を喫る、
燦たるかなや、國産機
明日は地球を一跨ぎ。

世紀の空を翔ふもの
世界に影を映すもの
われ等の翼みちみちて
空の「光」も東より。

工業日本

宮 操子
大木惇夫（詩）
（東京工業地帶にて）

明るい日本、あがるよクレーン、
智慧と科學と、額の汗で
躍る國力、殖え増さる富、
何のハンマア伊達には振らぬ
銃はとらねど
建設戰士。

鐵の叫びよ、ベルトの唸り、
興る勢、張りきる意氣で、
廻す齒車、飛び散る火花、
同じ機械も百倍動く

在新加坡蓋神社吧！

昭和十七年（一九四二）二月十五日，大英帝國的根據地新加坡淪陷了。在日本軍政下該島改名為「昭南島」後，日本國內陸續舉辦慶祝攻陷的奉祝活動。開戰前，新加坡日僑便建立「昭南神社」，在軍政下因南方軍祭祀而加以大幅改建，政府公關誌《寫真週報》第二百三十五號（情報局，昭和十七年八月二十六日）的封面刊登了英國軍俘虜從事建設勞動的照片。

就在攻陷一年後，昭和十八年（一九四三）二月十五日，昭南神社完工並舉行「鎮座祭」。根據《寫真週報》的報導，當局舉辦了「各部隊對抗的奉納武道大會、陸海軍聯合奉納相撲，（中略）此外還有支那舞踊、馬來舞踊等，富有共榮圈色彩的奉納演藝大賽」，「昭南全市呈現一片奉祝的氛圍」。

後來在「使昭南神社成為南方全域的中心神社」（昭南軍政監部文教科編，《文教科宗教報告書》，昭和十八年）的構想下，當局甚至企圖讓昭南神社晉升為官幣大社[1]，統籌日本軍佔領地區所陸續創建的神社群。不僅是神道，它也被當作日本佛教的南方傳教據點，居住著各種民族的「昭南島」被定位為東南亞的宗教中心。不僅如此，日本政府為了拉攏回教徒，準備建設「第二個麥加」，但這個計畫實在太荒唐，後來並未實現。

左頁

上圖．引自情報局編《寫真週報》第 264 號的報導，〈昭南神社鎮座祭〉裡的〈陸海將星的參拜〉，昭和 18 年 3 月 24 日。

右下．引自同號，〈在神前奉讀「誓言」的居留兒童〉。

左下．引自同號，〈與日本內地相差很遠的士兵豪邁地扮裝遊行〉。

沒收亞洲朋友的儲蓄吧！

皇軍恩威下甦醒的爪哇島，在「為了建設大東亞」的口號下，當地居民興起了強烈的儲蓄熱，期待存摺金額逐漸增加，下定決心一定要在大東亞戰爭中取得最後的勝利。（《寫真週報》第二百六十三號，情報局，昭和十八年三月十七日）

如前所述，為了調度戰爭費用而展開「儲蓄報國」運動，我們大日本帝國甚至連在占領地區也要從當地居民手中沒收金錢。

照片裡，民眾手中拿著封面印有日之丸的存摺。照片雖不清楚，但仍然可見封面寫著「郵政貯金簿」、「貯金局」。

在爪哇島，由陸軍第十六軍負責軍政。成立於荷蘭統治時代的郵局儲蓄銀行（Postbank），在日本軍政下改名為「貯金局」（Chokin Kyoku）[1]，並展開大規模的儲蓄獎勵運動。

日本軍南方軍政的三大目標是「恢復治安、盡快取得重要的國防資源、確保作戰軍隊自給自足」，為了遂行戰爭，不但掠奪爪哇島的天然資源，連居民的勞動力與所剩無幾的儲蓄都奪走。實際上，被徵用為「兵補」者（比照軍屬的形式編制為日本陸海軍的當地補助兵），其薪資（的三分之二）被扣下充當軍事郵政貯金，但日本戰敗後，貯金變為紙屑般。一九九〇年代起，要求退還當時儲蓄的「兵補協會」的人，開始向日本政府要求補償。

左頁．〈爪哇島也有可靠的日之丸儲蓄〉，引自情報局編，《寫真週報》第 263 號，昭和 18 年（1943）3 月 17 日。

ジャワにも日の丸貯金 頼母し

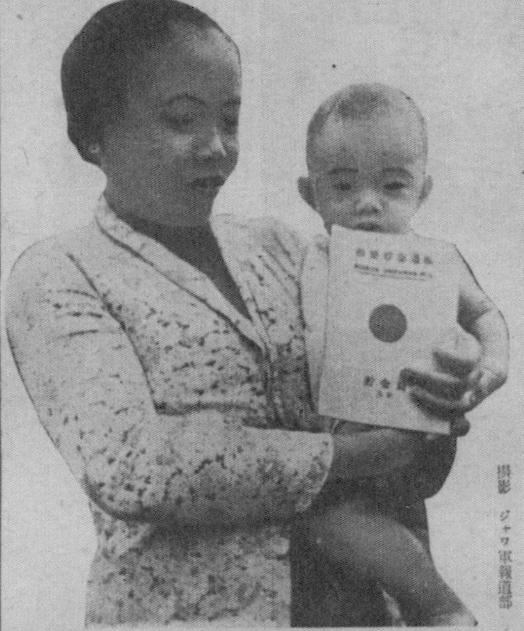

昭和十七年度の國民貯蓄の目標額二百三十億は、一、二、三月の第四四半期にまだ五十億を殘してゐましたが、もう間もなく決勝點です。さあ、もう一息、最後の頑張りで、二百三十億をゆうに突破し、本年度の二百七十億に十分喰ひ込んでおきませう

これは、『貯金は、内地のみなさまの專賣特許ではありませんよ！』といふジャワからの頼母しいお便りです。皇軍の恩威に蘇るジャワでは、アジア ラヤ（大東亞）の建設のためにといふ合言葉が、現地住民の間の力強い貯金熱となつて盛り上り、少しづゝ殖える貯金帳を樂しみに、あくまで大東亞戰爭を勝ち抜く決意を固めてゐるのです

撮影　ジャワ軍報道部

⇨ジャカルタ乾電池工場の團體貯金。日の丸通帳を手に手に大喜びの工員たち

⇨『チヨキンハ　アジアオ　オコス』六千キロをへだてゝも、結ぶ氣持は一つです

參觀國際祕密力與共濟會展吧！

昭和十八年（一九四三），新年後到銀座松屋的共濟會「展吧！一定可以看到猶太陰謀論者大集合的會場風景。主辦單位是「每日新聞社」，不知該社後來如何檢討戰爭時期幹的這種好事？

總之，這張廣告就只有把箭射向蜘蛛網上的蜘蛛這個謎樣的標記而已，另外還有一行廣告文字：

探究美英幕後操作者的真面目，以備國際謀略思想戰。

令人好奇，到底陳列了哪些值得展示的文物？

事實上，支持這個展覽會的，是當時自稱「我國唯一猶太研究機關」的「國際政經學會」這個神祕組織。由該學會調查部編輯，在昭和十八年出版的《「國際祕密力與共濟會」解說：暴露敵國政府的背後》（國際政經學會調查部編，日本文化叢書，日本文化協會），因作為展覽會的解說書而出版。這本小冊子的卷頭自誇地寫道：

每日新聞社舉辦的「國際祕密力與共濟會展覽會」，特別陳列〇〇方面共濟會的實體樣本、各種猶太相關的照片、參考文物等，是以啟蒙一般民眾為目的且

左頁．《朝日新聞》，昭和 18 年 1 月 16 日廣告。

具深刻意義的活動。民眾因此能夠深入了解國際祕密力，實在令人喜悅。

引文裡「在〇〇方面共濟會的實體樣本」，到底是什麼東西呢？

念「無論如何都要堅持到底」的咒語吧！

偶然在舊書店買到《週刊朝日》昭和十八年（一九四三）二月二十一日號（朝日新聞社），翻開後大吃一驚！

無論文章或照片，所有頁面的空白處都被「戰爭從此正式開始。無論如何痛苦或辛苦的事都要忍耐，這場大戰爭無論如何都要堅持到底！」的文字填滿。有些頁面僅重複寫著「無論如何都要堅持到底！」，我試著數一數，多達一百二十行。刊物的原主人經歷過多痛苦的事呢？好像是在說服自己似地寫下「無論如何……」這串咒語。

「無論如何都要堅持到底！」這個句子，是以昭和十六年（一九四一）十二月「大東亞戰爭」開戰不久後，大政翼贊會公布的標語「這一戰無論如何都要堅持到底！」為基礎。根據這個標語，由信時潔作曲的〈這一戰〉歌曲，作為「國民合唱」經由廣播發表。政府公關誌《週報》二百八十號（昭和十七年二月十八日）刊登此曲的歌詞與樂譜：

這一戰　這一戰　無論如何都要堅持到底！堅持到底！

這是一首只重複一行句子的壯烈國策歌。難道這也是「無論如何……」咒語的效果嗎？

左上．引自《週刊朝日》昭和 18 年 2 月 21 日號（朝日新聞社），在「ハリバ（HALIVA）軟膏」的廣告空白處滿滿寫上的「無論如何堅持到底吧！」的文字。

左下．連封面都成了鋼筆字下的犧牲品。

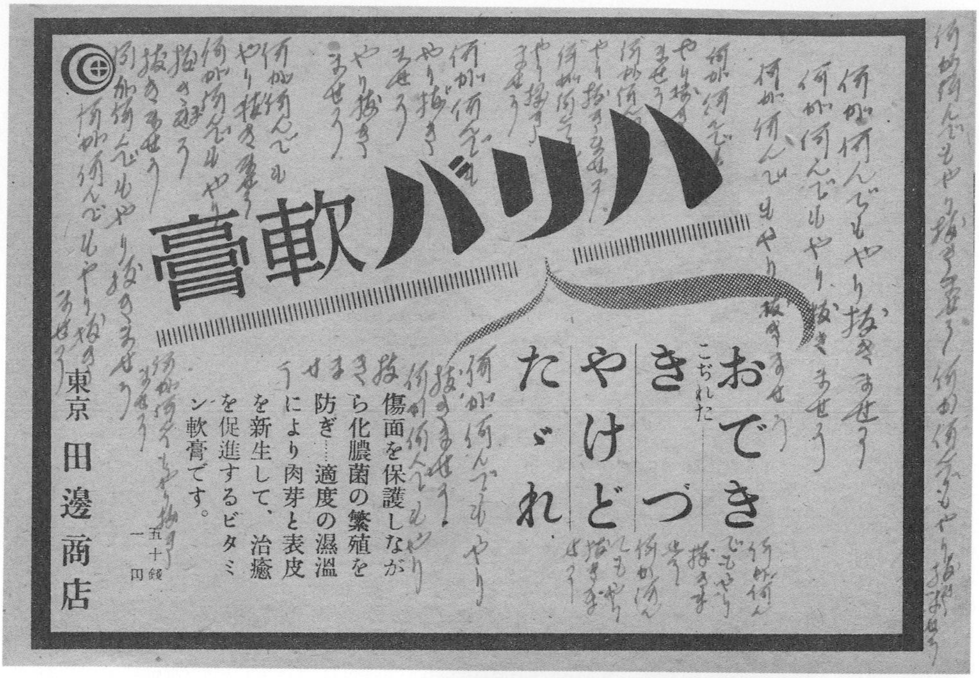
ハリバ軟膏
おでき
こぢれた
きづ
やけど
たゞれ
傷面を保護しながら化膿菌の繁殖を防ぎ……適度の濕潤により肉芽と表皮を新生して、治癒を促進するビタミン軟膏です。
一円五十銭
東京 田邊商店

週刊朝日
二月二十一日號
世界の空・日本の翼

唱愛國詩吟吧！

朗吟能鼓舞士氣，陶冶情操，對身心修養大有裨益，在此不必多作說明吧。如今在國內外名符其實的超級非常時之際，無論城鄉，全國上下到處都聽得到朗吟的聲音，實為好現象。

在《興亞朗吟集》（翼贊出版協會，昭和十八年）的開頭，編者中尾泰山老師這麼寫著。

實際上，在戰前、戰時發售的詩吟[1]唱片數量相當可觀。此外，戰時的生活記錄也時常出現「詩吟」，如「為了慶祝出征，表演詩吟與劍舞」、「老師在疏散地的慰勞會表演詩吟」等。當時深受歡迎的作品有：「天皇御製作品」、乃木希典大將[2]的〈爾靈山〉、〈凱旋〉，賴山陽[3]的〈蒙古來〉，教育勅語起草者元田永孚[4]的〈小楠公〉等。每篇作品的內容都會讓憂國之士深受鼓舞，另外也販售愛國詩吟與劍舞成套出售的指南。

當然，不僅這些古今中外的文人、武人的作品，還有適合戰爭時期且更直截了當的愛國詩吟陸續產出，該書收錄了多篇異香撲鼻的作品，包括〈日本魂〉（國分青厓）[5]、〈靖國神社〉、〈弔戰友〉、〈送出征〉（本宮三香）、〈蘆溝橋〉（上村賞劍）等。

左上．國分青厓，〈日本魂〉。

左下．中尾泰山編，《興亞朗吟集》翼贊出版協會，昭和18年（1943）。

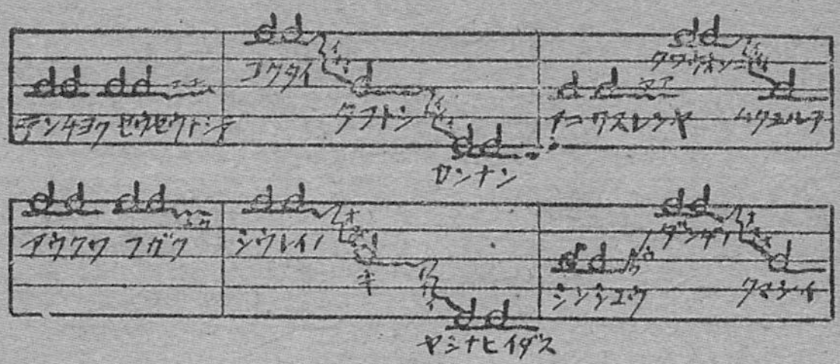

日本魂

國分青厓

天勅昭昭國體尊

天勅(テンチヨク)昭昭(セウセウ)トシテ國體(コクタイ)尊(タフト)シ

艱難豈恐報ニ皇恩ニ

艱難(カンナン)豈(アニ)恐(オソ)レンヤ皇恩(クワウオン)ニ報(ホウ)ズルヲ

櫻花富嶽秀麗氣

櫻花(アウクワ)富嶽(フガク)秀麗(シウレイ)ノ氣(キ)

養出神州男子魂

養(ヤシナ)ヒ出(イダ)ス神州(シンシユウ)男子(ダンシ)ノ魂(クマシヒ)

【語釋】昭昭—明カナサマ。

一七七

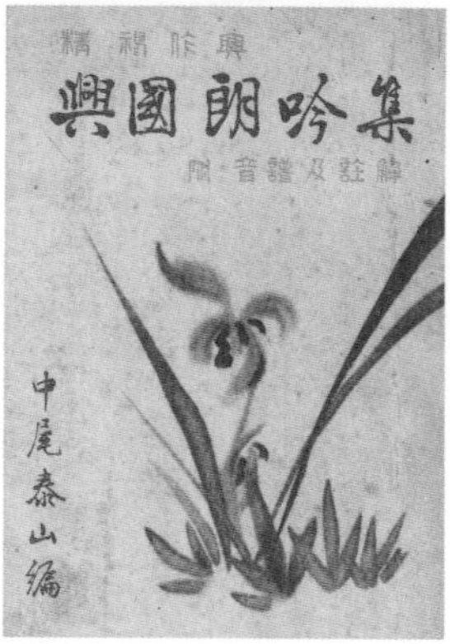

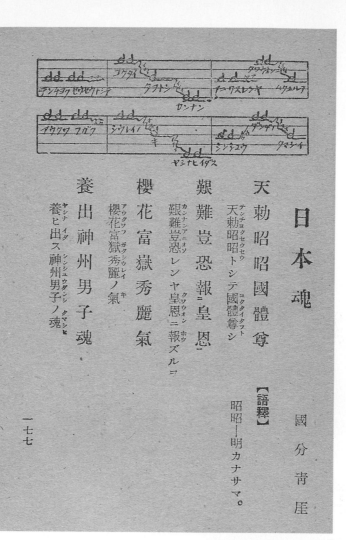

為戰歿的士兵先生取戒名吧！

戰爭產生大量的戰死者→葬禮暴增→和尚很忙→戒名[1]的取名庫題材匱乏——聽起來很殘酷，但我找到了暗示這個事實的史料。

昭和十八年（一九四三）出版了一本小冊子《大東亞戰引導法語集》（柳澤翠嚴，中央佛教社）。「引導法語」是和尚在葬禮時朗誦、「以漢詩的形式，讚美故人德性，開釋成佛之道與戒名意涵」的文字。不難想像，全國的和尚都很煩惱，如何面對戰歿者與佛教的教義「殺生戒」（不可殺生）的關係。因此，當時出版了許多教義書說明殺生戒不適用於戰爭。

無論如何，這本冊子收錄許多以戰死者為對象的引導法語，例如：

擊摧抗日架空樓。高颺皇軍正義旒。生孝死忠全大義。八紘一宇奉宏猷。別了。功績讚來弔靈魄。清林月上潔於求。

其內容加進「擊摧抗日」、「八紘一宇」[2]等「大東亞戰爭」的標語，呼籲亡者：「你已經盡忠了，好好成佛吧。」

該書最後也刊登「戒名組合一覽表」。和尚不用絞盡腦汁，便可提供適合帝國軍人的戒名（法號），與其說方便，不如說是一本很過分的指南。

左上．引自柳澤翠嚴編，《大東亞戰引導法語集》(中央佛教社，昭和 18 年)，「戒名組合欄」。右方兩字是「院號」，左方四字為「道號及諱」。

左下．該書封面。

長建 霜光 光輝 眞如 正覺 榮輝 晝錦 驍勇 大基 雄興 鵬雲
昭宣 芳梅 靈光 栽松 翠松 芳菊 芳薫 芳蓮 大覺 法運 錦光
永薫 一誠 了德 國芳 雄心 誠諄 天香 雄香 成道 巨鯨

道號並に諱

義山道光 光譽義明 忠譽義孝 武山尙勇 芳譽義烈 顯譽勝忠
俊岳秀英 一道貫之 義山全忠 本源義性 忠道義貫 大道義正
直入禪心 德含道輝 一超禪入 武山高榮 武禪道勇 大徹宗心
貫道義忠 秀譽義英 大光義明 彰譽全忠 興岳盛基 高譽秀英
直指明心 大應義道 賢譽昭明 基道全礎 大道義勝 保山忠夫
忠譽義貞 榮譽武光 武山道輝 傑山義英 忠德義孝 劍山道光

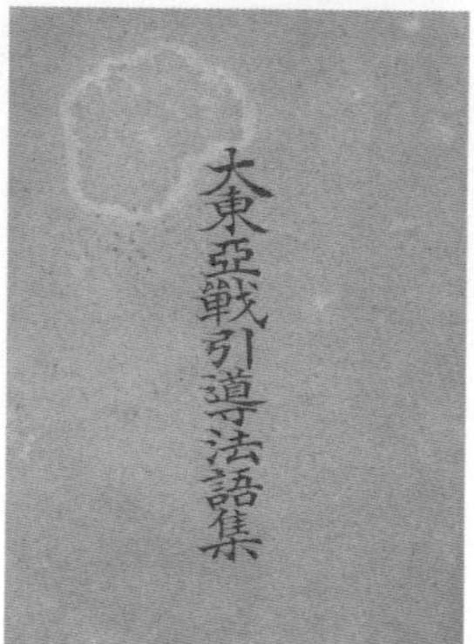

向神明報告中途島的大戰果吧！

大東亞戰爭「神靈附體」的程度，遠遠超過我的想像。讓我發現這件事的是《大東亞戰爭祝詞集》（武田政一編，瑞穗出版社，昭和十九年，再版）這本書。

根據該書編輯的〈凡例〉，「本書主要編輯大東亞戰爭開戰以來，大約一年間舉行的戰爭相關祭祀之祝詞，收錄有關支那事變等祝詞，僅作為參考。」所謂「戰爭相關祭祀」，其實是做了很離譜的事。

首先以下介紹〈珊瑚海戰．中途島．阿留申群島攻擊奉告祭祝詞〉。你看得懂嗎？雖然我是外行人，但試著詮釋一下，大概是這個意思：

……將敵方航空母艦群引誘到太平洋正中央的中途島外海，在激烈戰鬥後，擊沉一艘航空母艦大黃蜂號與企業號，並擊墜飛機一百二十架，敵方自誇的海上電擊隊也成為一場空夢。

以祝詞向神明報告皇軍戰勝，是依照大本營發表的內容，從結果來看，連對神明也說謊。前面是很淡定的戰果奉告，卻以「成為一場空夢」為結尾，給讀者「我做了個還算不錯的結尾呢」的感覺，稍有違和感。話說回來，神明連「黃蜂號」、「企業號」等都「聽得懂」，實在耐人尋味。

左頁．引自武田政一編，《大東亞戰爭祝詞集》，瑞穗出版社，昭和 19 年（1944），〈珊瑚海戰．中途島．阿留申群島攻擊奉告祭祝詞〉的部分內容。

五日留掛介氏、狹霧立迷比海路乃潮立騷具北乃方奈留アリユーシヤン列島乃島島乎占領成志、ダツチハーバー乃祕密軍港乎大空與里襲比擊知氏、重油庫母食糧庫母悉久打挫伎打潰江志米、敵乃北方進擊路乎打破壞志、同志日乃同志時留、太平洋乃眞中奈留ミツドウエー沖留敵乃航空母艦群乎誘比出志、烈志伎戰乃上留敵乃航空母艦ホーネツト型一隻、エンタープライズ型一隻乎擊沈米、敵乃飛行機百二十機乎擊墜志氏、敵我言比誇里志海上電擊隊母空志伎夢止成里了里奴。斯久太平洋止印度洋乃西留南留北留雄雄志久武久敵兵力乎打退介、潮乃八百道乃八潮路乃到良奴隈無久守里留守里氏、大伎逞志伎作戰執里行布我大御軍乃勳功乎相諾比相聞食志氏、今與里行先、益々大御軍乃軍人達乃身上乎靈幸閉坐世止、御饌・神酒捧介氏、謹美敬比氏白須。(昭和十七年七月十五日)

致決戰下鑑賞寶塚歌劇的女性

戰時，寶塚少女歌劇團改名為「寶塚歌劇團」，增加了遵循國策的表演項目。不僅如此，還成立了「寶塚歌劇移動隊」，以滿洲、庫頁島為首，在日本全國巡迴演出，努力在戰爭時期生存下來。儘管如此，在決戰體制下仍有不少人認為它是「享樂性娛樂」而還以白眼。於是昭和十八年（一九四三）十二月，寶塚歌劇團對著狂熱粉絲公布以下的「請求」：

既然說決戰下健全的娛樂也是不可或缺、增強戰力的糧食之一，那麼想請求各位，以樸素的衣裳與明朗的態度前來觀劇。

樸素的衣裳尚可理解，但什麼是「明朗的態度」？「觀劇時，懇請您不要有鼓掌、高聲歡呼、閉幕後在後台門口等待演員出來等造成其他觀眾困擾的行為」，原來所謂的「出待」[1]也被禁止呀。這麼在乎粉絲的動向，是因為「只要被粉絲跟蹤，便會產生各種誤解，並遭受不實的嚴厲指控」。由此可知，當時歌劇團抱持深切的危機感，有感於帶領一大群粉絲，便會遭受社會的攻擊，甚至連寶塚歌劇的存續都面臨危機。

上述請求公布後隔年，昭和一九年（一九四四）三月，寶塚歌劇場與東京寶塚劇場便實施閉鎖，被迫停止公演。不過，或許當局擔憂若禁止所有的娛樂，將導致國

左頁．引自寶塚歌劇團編著，《寶塚歌劇花・月・雪組　合同公演腳本解說集》，昭和 18 年 12 月，〈請求決戰下的女性〉。

決戰下女性の皆樣へお願ひ

支那事變以來七年、空に陸に海に、皇國の御楯として御敢闘下さる方々の御庇護のもとで、私達はつゝがなく此の一年を送る事が出來ました。大東亞戰爭を勝ち拔く爲に、一億同胞手を取り合つて、あらゆる面で戰爭生活に邁進して居ります今日、私共も微力乍ら藝能を以つて日々勤務にお勵みの皆樣をお慰めする事が出來ますのを、無上の光榮と存じて居ります。

健全な娯樂も又、決戰下に必要な、戰力增强への一つの糧であらねばならぬことを思ひます時、皆樣に特にお願ひ申上げたい事は、御觀劇の際の質實な御服裝と、明朗な御態度でございます。

觀劇には、美しい、新調した衣服でと、ともすれば考へられがちであつた舊い觀念を捨てゝ、御觀劇にこそ國家の最も要求する、活動的で質實剛健な服裝を以つて、決戰下に相應しい衣生活の實踐を徹底させて頂きたいと存じます。

皆樣どうぞ筒袖の平常着で、着古した洋服で潑剌とお出掛け下さい。

又御觀劇の際は、他のお客樣の御迷惑になるやうな拍手、高聲や、終演後出演者を樂屋口に待受け追隨するやうな御行爲を、何卒おつゝしみ下さいますやうお願ひ申上げます。

心ない方々の、ふとした御行爲によつて、寶塚歌劇を御覽になる方すべての精神が、決戰下の女性として相應しくないものと見られ、又追隨されます出演者は、どんなに一心に藝能人として職域に勵まうとも、追隨されます事から種々の誤解や、無實な嚴しい批難を受けるのでございます。

私達がかうして生活して居ります今も、澤山の私達の同胞が、命を捧げて御國の爲に戰つていらつしやるのです。學徒は、皇國の隆替を双肩に擔ひ、學業に訣別し、悠久の大義に生きんと微笑みつゝ征でたちました。

今こそ一億戰闘配置につき、戰ひの生活に徹する時が參りました。

飯盒にお刺身を盛り、長袖をひらめかせて突撃が出來ますでせうか。

私達女性も、國を思ふ淸きまことをもつてつゝましく、夫々の職域に元氣で邁進致しませう。

昭和十八年十二月

寶塚歌劇團

民不滿的情緒爆發，因此在昭和二十年（一九四五）五月又准許寶塚電影劇場演出歌劇，直到戰敗為止一直有斷斷續續的公演。

上圖．《寶塚歌劇花・月・雪組　合同公演腳本解說集》封面。

小心間諜！

陸軍省製作的小手冊《防諜》（陸軍省，昭和十四年），淺顯易懂地描述當時日本人所再現的「間諜」形象。

這本小冊子由右頁圖片與左頁諜報活動的圖解所構成，似乎是設想在演講會等現場由講師來解說。儼然是較為原始的投影片資料，但在圖解部分那種難以形容的武斷構造，看起來很像被害妄想症患者所描繪的宇宙規模陰謀圖，舉國一心的防諜戰，令人不寒而慄。

每當看到這些「防諜」宣傳活動，不禁懷疑民間人士真的接觸這麼多軍機（軍事機密）嗎？軍機的範圍由法律（軍機保護法）制定，包括軍港等港灣、砲台等軍事營造、軍用艦船、軍用航空機、兵器、機場、電氣通信所、軍需工廠、軍需儲藏所及其他軍事設施。此外還有要塞地帶法、軍事要港規則、軍用資源祕密保護法等，若不小心拍照或素描，很可能被逮捕。當時的攝影雜誌時常刊登記事，解釋如何拍攝風景，才能避免違反軍機保護法。

無論如何，這張圖片的「間諜」形象相當古怪。尤其是那位戴著紅色頭巾和面具的謎樣人物。

頁 172-179.
引自《防諜》雜誌，陸軍省，昭和 14 年（1939）4 月。頁 173 的圖表分別說明情報洩漏的過程。

軍事秘密は親にも漏すな
聯隊にも愈々近く動員が下るやうです……
東京市
杉山五郎様
一筆啓上

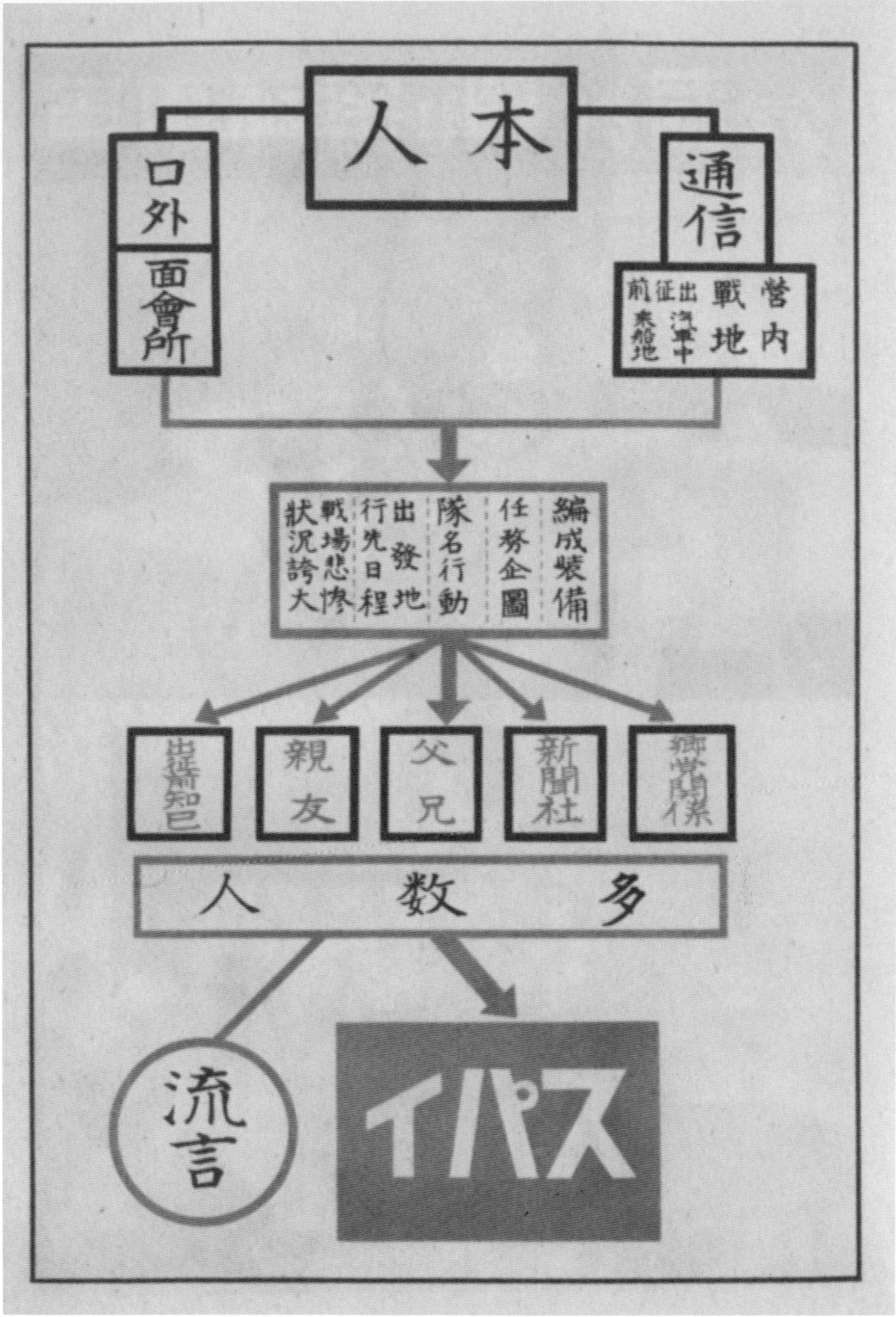
本人
口外
面會所
通信
營內
戰地
編成裝備
任務企圖
隊名行動
出發地
行先日程
戰場悲慘
狀況誇大
親友
父兄
新聞社
鄉黨關係
多数人
流言
スパイ

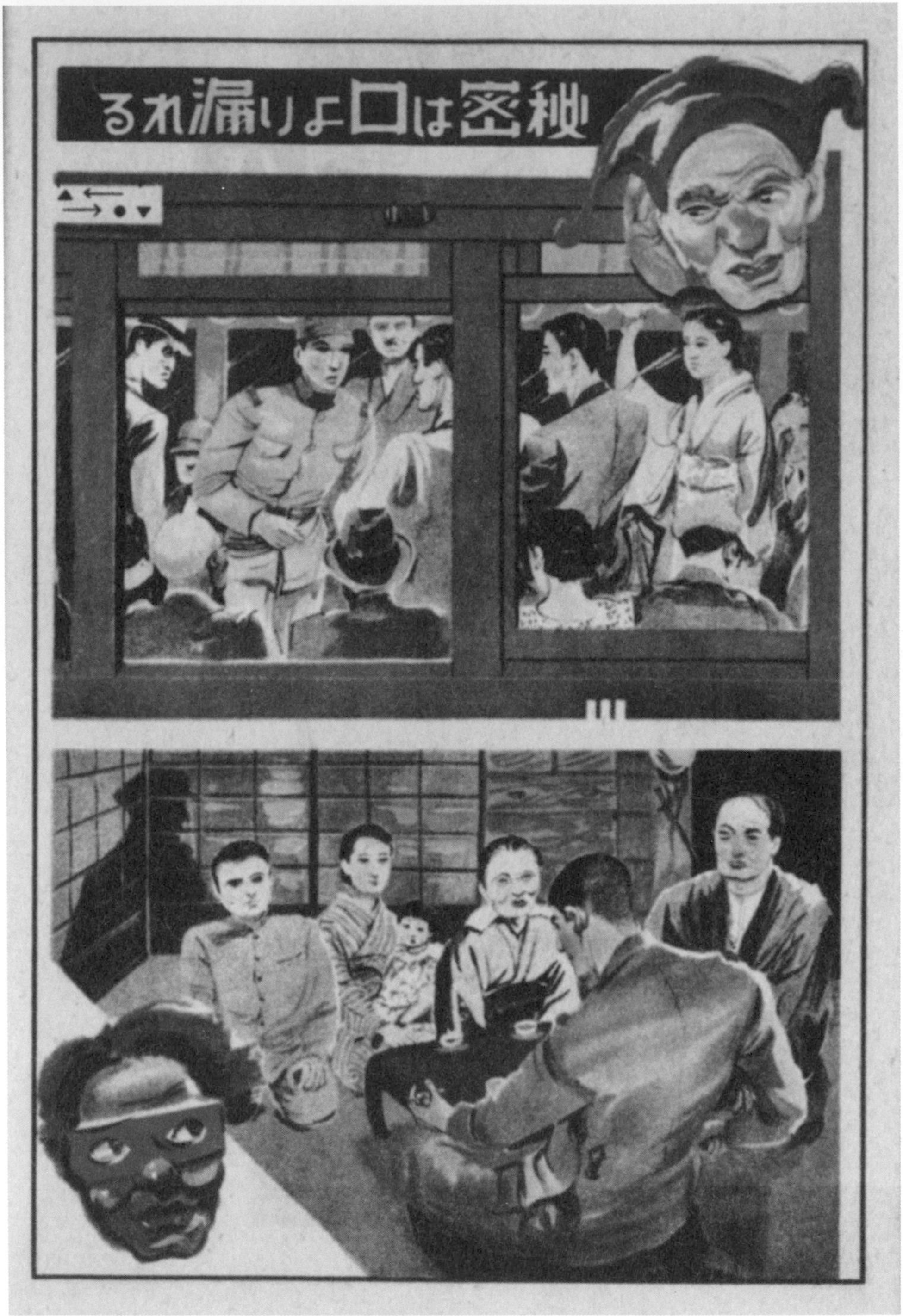
秘密は口より漏れる

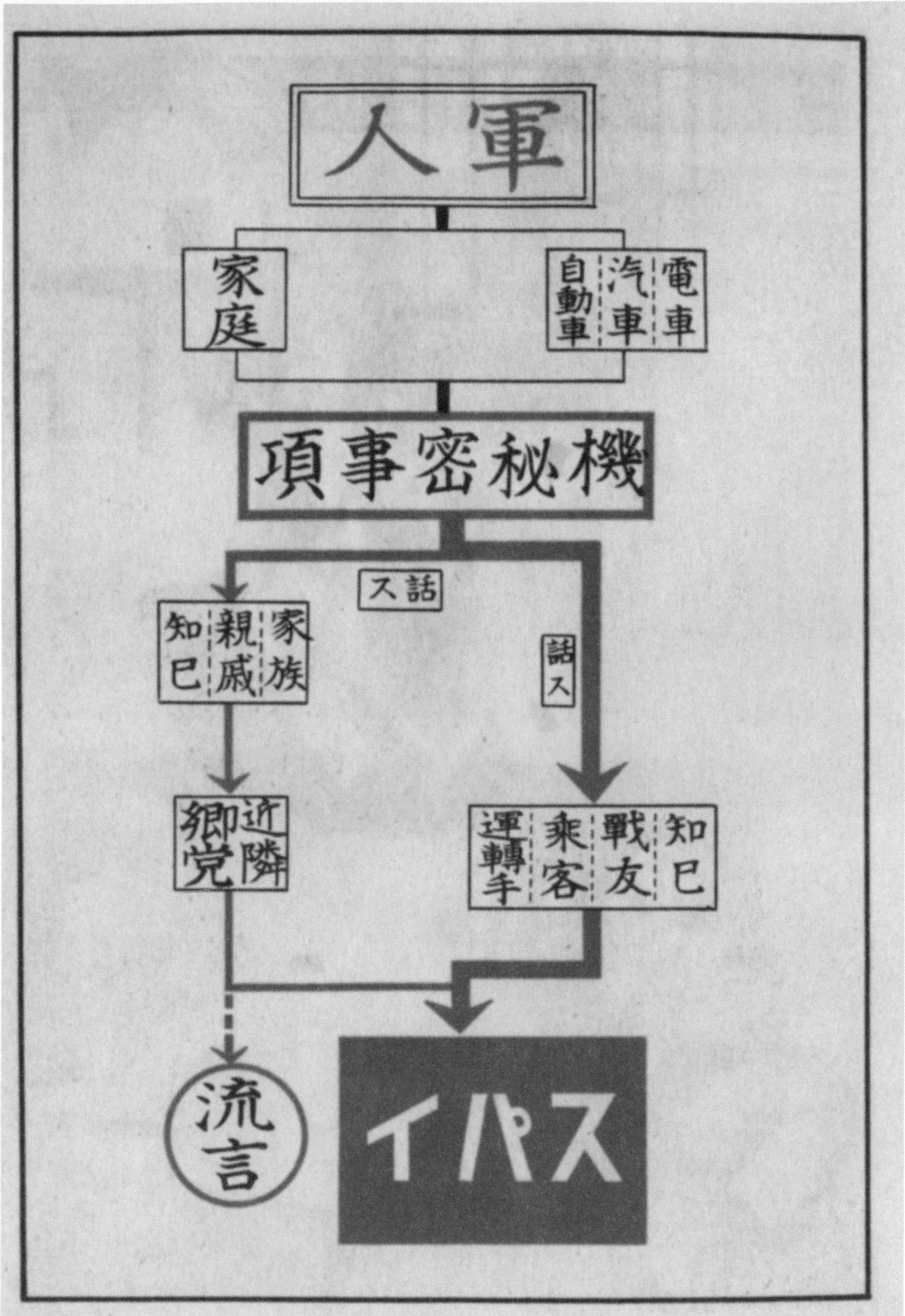
軍人
家庭
電車
汽車
自動車
機密事項
話ス
家族
親戚
知己
話ス
近隣
郷党
知己
戰友
乘客
運轉手
流言
スパイ

書類の送達は確實に
通信文ハ
必ズ鞄ノ中ヘ

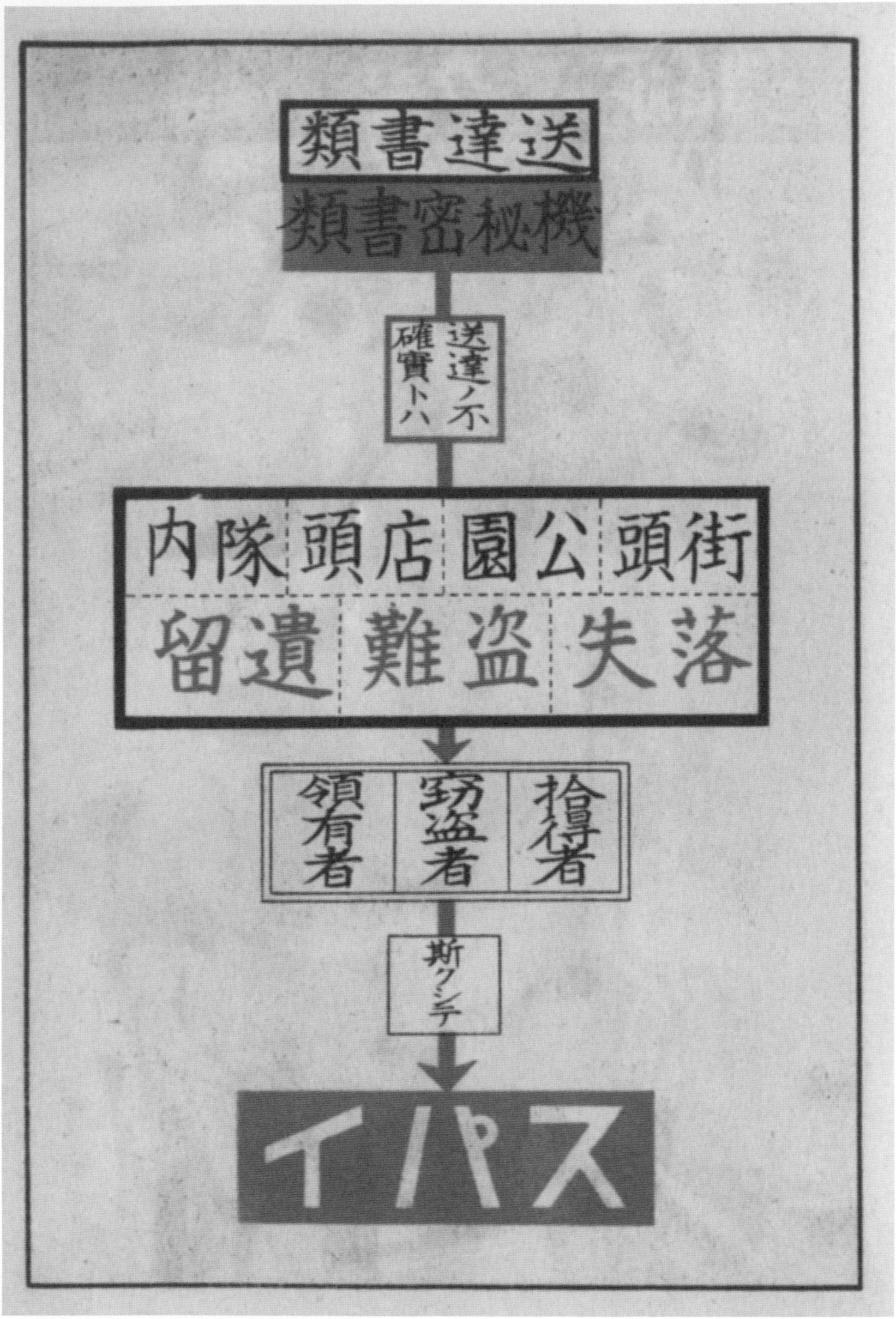

送達書類
機秘密書類
送達ノ不確實トハ
街頭
公園
店頭
隊内
落失
盗難
遺留
拾得者
竊盗者
領有者
斯クシテ
スパイ

包装梱包は堅牢確実に

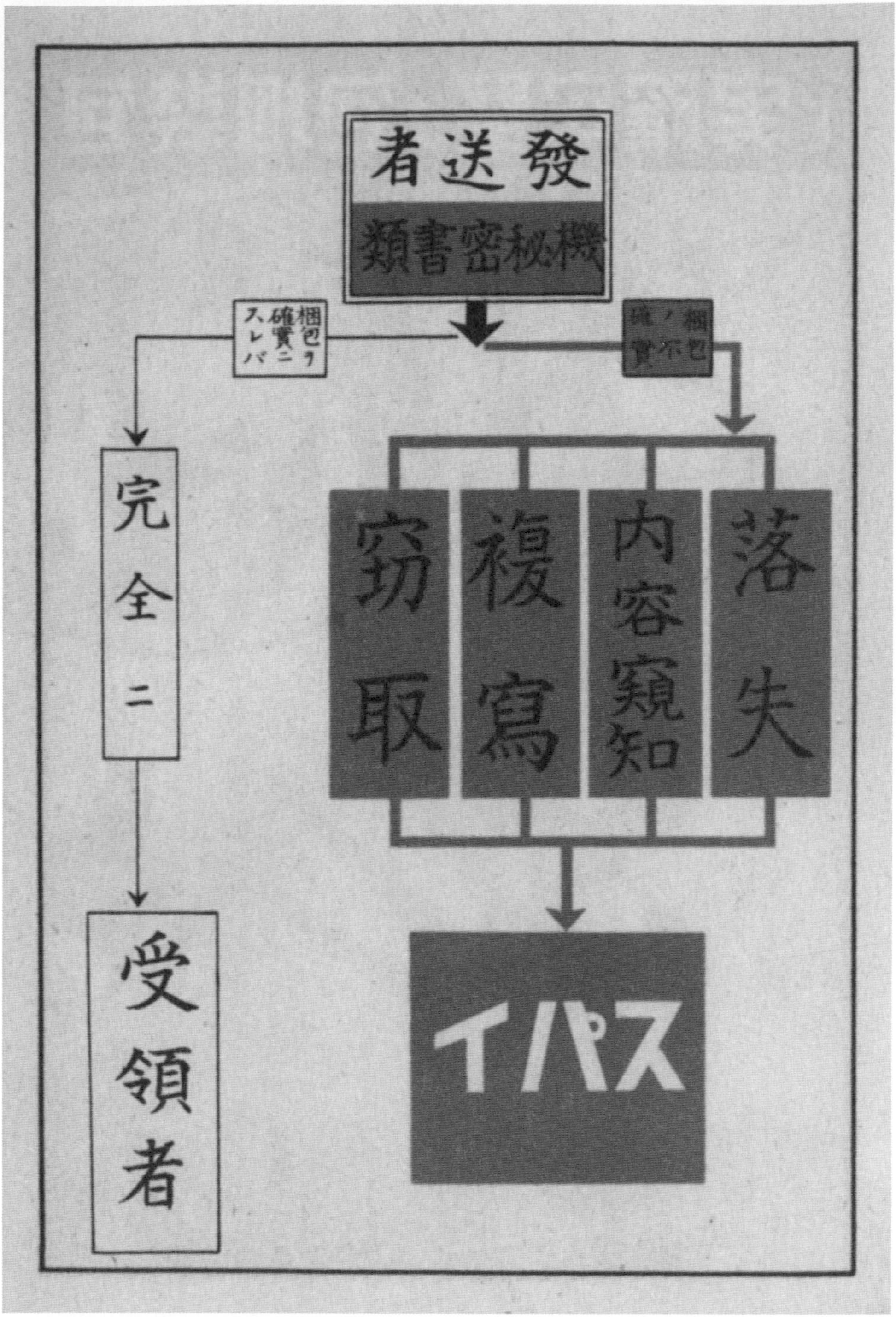
發送者
機秘密書類
梱包ヲ確實ニスレバ
梱包ノ不確實
完全ニ
受領者
落失
内容窺知
複寫
竊取
スパイ

決戰！人馬如一地奉公！

「大東亞戰爭」開戰後，以保護軍馬的馬事思想涵養為名義，同時也是調度戰費的財源之一，讓賽馬（中央賽馬）存活了下來。然而，隨著戰況的惡化，昭和十八年（一九四三）十二月十七日，內閣會議決定停止賽馬，往後只有東京、京都為篩選種馬而舉辦「能力檢定競爭」，勉強延續下去。以下賽馬節目的廣告刊登到昭和十八年十二月，可能是戰爭時期最後的賽馬廣告。

事實上，當時對賽馬馬票的課稅極高，根據昭和十七年（一九四二）所訂定的「馬券稅法」[1]，採用兩階段的課稅方式：①針對全馬票發行的金額課以百分之七（鍛鍊馬競走＝現今地方賽馬的「優等馬票」則課以百分之四）的「發行稅」，加上既有賽馬法所規定的扣除率百分之十八，共扣除百分之二十五的稅金。②針對投注贏家的紅利課以百分之二十的「退還稅」。從結果來看，扣除率高達百分之二十五到四十（實際數字為百分之三十二點五），據說總交易金額的百分之二十六交給國庫。

「決戰！人馬如一的奉公」，是個不錯的標語，能夠將戰時下的賽馬予以正當化。不是賭博而是「奉公」這種說詞，在今天似乎也可通用。

參考文獻：萩野寬雄，〈「日本型收益事業」的形成過程——由日本賽馬事業史探討〉，早稻田大學大學院政治學研究科博士論文，二〇〇三年。

左頁．昭和18年「秋季賽馬」廣告。引自〈放送〉昭和18年10月號（日本放送協會）表3廣告。

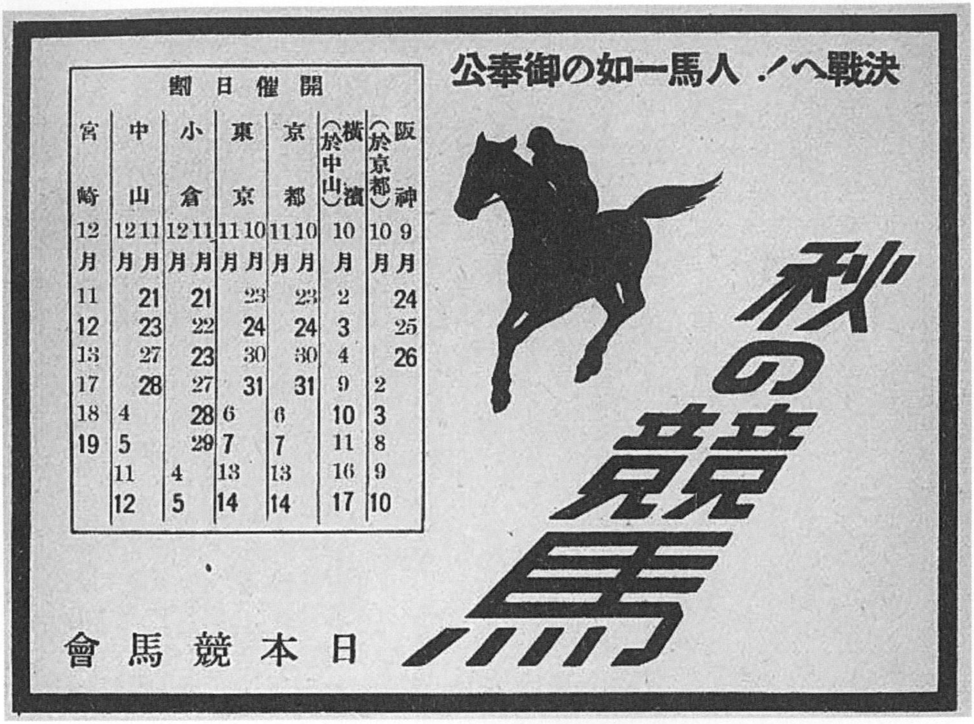
決戦へ！人馬一如の御奉公
秋の競馬
開催日割
阪神（於京都） 9月 24 25 26 10月 2 3 8 9 10
横濱（於中山） 10月 2 3 4 9 10 11 16 17
京都 10月 23 24 30 31 11月 6 7 13 14
東京 10月 23 24 30 31 11月 6 7 13 14
小倉 11月 21 22 23 27 28 29 12月 4 5
中山 11月 21 23 27 28 12月 4 5 11 12
宮崎 12月 11 12 13 17 18 19
日本競馬會

運用奇怪的函授教育提升能力吧！

無論今昔，都存在著奇怪的函授教育生意，但不同於現在的冷靜期制度等，多少保護了消費者，以前完全是「自己負責」。有許多令人不解「這種事怎麼利用函授教育學習呢？」的奇怪產品。尤其當中有許多「相同地址的函授教育業者」，真是可疑。

例如，《家之光》昭和十四年（一九三九）六月號（產業組合中央會），就刊登了三家謎樣的「函授教育集團」。

①東京市豐島區池袋二之一〇九八集團

・日本鐵道受驗會、海軍受驗研究社、日本遞信受驗會、帝國陸軍受驗社

以上四個團體都是同樣的地址，是很常見的類型。而且從介紹文章可以發現，他們提供的不是「函授教育」，而是「考試簡章」。暫且不談以免費提供當作誘餌，接下來到底要如何營利呢？實在令人好奇。

②東京市豐島區池袋二丁目之九八七集團

所在地距離上述①集團非常相近，這個集團包括：

・帝國無電通信學校、旋盤工養成學會、大日本鐵道協會、帝國製圖協會

從名稱來看，其規模比①還大。商品有：《無電技師養成講義》、《鐵道員

左頁．東京市巢鴨二之三五集團的廣告。

無電通信士

無電通信士になれる

SOSの救助信號によつて難破船から人命が救助され、飛行機に、船舶に今や全く文字通り無電時代を出現した。無電通信士は十四歳になれば小學校卒業の學力で受驗が出來る。本校**無電技士養成講義**で學べば短期獨習で受驗合格の實力がつき、航空、船舶、滿洲國等の無電通信士や今後いよ〳〵有望なラヂオ技士に就職して華々しく活躍が出來る。今スグ來つて學べ！

●**ハガキで申込めば『無電技士』**受驗案内附講義見本 無代進呈

東京市豐島區池袋二丁目ノ九八七

帝國無電通信學校

無線技士養成實習教授・晝間部夜間部・就職責任斡旋・東京無線技術學校入學希望者ハ本校宛郵券三錢送レバ入學案内書進呈！

旋盤講義

旋盤工はいくら人があつても足りない！

非常時國防の第一線に起つ各種軍需工業の目覺しき大躍進に伴ひ、旋盤工は全國で概數十萬人も不足だ。この好機を如何にして攫むか、それは本會「旋盤工養成講義錄」で學び、先づ旋盤の知識を得て就職線を突破することだ。本講義は小卒の學力でも短期自宅獨習で、必ずや貴下に旋盤工立身の一大秘寶を齎すであらう。今すぐ學べ！

●ハガキで申込めば**『旋盤工就職立身案内附講義見本』**——無代進呈

東京市豐島區池袋二ノ九八七

旋盤工養成學會

鐵道

鐵道員志望者に告ぐ！

小學校を卒業して鐵道員になるには鐵道傭人試驗に合格しなければならないが本會『最新鐵道員受驗準備講義錄』で學べば誰でも合格の實力が立派につく！ハガキで申込めば『鐵道受驗案内附講義見本』進呈

東京市淀橋區戶塚町三ノ十七

大日本鐵道協會

製圖工

製圖工となるには！

機械工と共に製圖工はいくら人があつても足りない。製圖工となつて就職立身したい人は本會「製圖工養成講義」で學べ！ 短期の獨習によつて立派な實力が出來るハガキで申込めば『製圖工立身案内附講義見本』無代進呈

東京市豐島區池袋二ノ九八七

帝國製圖協會

預備受驗講義錄》、《製圖工養成講義》等，似乎販賣這些不知作者是誰的「講義錄」。看來愈來愈不妙。

③東京市巢鴨二之三五集團

好像在池袋—巢鴨這一帶有許多怪學校。

・日本警務學會、東洋鐵道學會、大日本國防協會、日本汽罐士養成協會

這些單位都集中在同一個地址。廣告的構圖和其他集團相同，實在令人在意，不過似乎稍微做了一些區分。

儘管如此，竟然出現「巡查全國擴大募集」這樣的標題，明明不是由他們募集，顯然是欺騙的廣告。日本警務學會的廣告文讓人流淚。

巡查志願者擴大募集中！

○時局不安，非常時期日本的民眾保護者，全國各府縣海外殖民地巡查擴大募集中！只要有以考古題為基礎的本會講義，就能具備考試必勝的實力，第一次考試就會順利通過。警察生活穩定且升職之道無限。只要寄信報名，就免費奉上●講義範本●全國考試日程表●近期考古題●巡查考試簡章的內容範本。

「升職之道無限」實在是很誇張的廣告詞，果然連海外殖民地的巡查也包含在內。免費贈送的「內容範本」好像也是不太花錢的服務，真耐人尋味。

右頁．東京市豐島區二丁目之九八七團的廣告。
下頁．東京市巢鴨二之三五集團的廣告。

巡査 全國大募集

會費低廉短期修了

巡査志願者大募集中!!

○時局不安、非常時日本の民衆保護者として目下滿洲國はじめ全國各府縣海外植民地巡査大募集中!試驗問題を基礎にした本會講義によれば受驗必勝の實力を得て堂々一回の試驗で合格す。警察官は生活安定し出世の道は有望無限。ハガキで申込次第

●講義見本●全國試驗日割表●最近試驗問題集●巡査受驗案内を詳細に書いた內容見本を無代進呈す。

信用絶大眞に日本一の講義錄

東京市巣鴨二ノ三五 日本警務學會 電話大塚(86)四七四番

鐵道員志願

昭和二年創立

●一萬人全國大募集!!

▲全國鐵道では本年も大募集する鐵道員になるには小學卒業の程度なら誰でもなれて採用試驗が全國各鐵道局で分割施行されるから何處でも受驗が出來る、今スグハガキで申込次第

●鐵道立身案內●試驗場案內●最近試驗問題集等右の事柄を詳細に書いた案內書を無代進呈します

東京市巣鴨二ノ三五 東洋鐵道學會 電話大塚(86)四七四番

陸海軍人志願

○海軍志願兵―○海軍少年航空兵―
○陸軍少年電信兵―○陸軍幼年學校―
○陸軍飛行學校―○陸軍戸山學校―
○陸軍工科學校―

ハガキで申込次第官費で立派な士官になる方法を說明した陸海軍人立身案內、最近試驗問題集、陸海軍官費學校入學案內等詳しく說明した見本無代進呈す。

東京巣鴨二ノ三五 大日本國防協會

陸上汽鑵士

案內書無代進呈

◇前途有望の新職業

本講義錄で四ケ月學べば學力年齢を問はず經驗なしでも試驗が受かり大工場始め、ホテル、病院、デパート、諸學校其他各方面の常設汽鑵部に高級で就職容易。◇本年こそ奮起して獨學受驗合格せよ!

●ハガキで申込次第案內書無代進呈

東京巣鴨二ノ三五 日本汽鑵士養成協會

後記

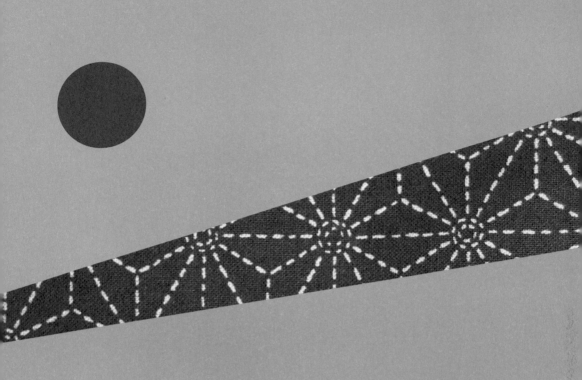

來瘋國民髮型「翼贊型」吧！

昭和十七年（一九四二）二月，大日本理容協會「國民髮型制定委員會」公布了名為「國民理髮『翼贊型』」的新髮型。這是一種陰謀，在迎接即將到來的決戰，從國民的頭部開始改為翼贊型。首先來聆聽大日本理容協會會長太田重遠老師的談話吧：

為遂行大東亞戰爭，（中略）徹底磨滅所有以盎格魯．撒克遜民族為中心的思想，並提升大東亞民族健全的民族意識，乃極為重要之事。面對此一歷史性重大局面，我們理容業界將行之多年的不祥英美色彩一掃而盡，制定具日本精神的漂然國民髮型「翼贊型」，並致力普及，能夠大大貢獻於長期戰下的國策。實不違職場奉公之名。

這是很誇張的散髮愛國政治演說。「從理容界將美英色彩一掃而盡」，指的似乎是消除長髮、燙髮、飛機頭等髮型。在昭和十五年（一九四〇）出現著名口號「不要燙頭髮吧！」，隨著戰爭激烈化，理容店師傅的藝術手腕也遭到當局的壓迫。理容店起死回生迎合時局的策略便是「翼贊型」。

那麼，所謂「國民髮型『翼贊型』」是什麼樣的髮型呢？

「翼贊型」有一號到三號。一號頭髮稍微留長（二寸＝約六公分），二號型比起

左頁．「翼贊型三號」。與現在的五分頭相同，這是以五分鐘剪完為目標。師傅被要求具備以下的技術：髮際線「以一釐的推子添加美麗的輪廓」，以「剪刀」將五分頭與一釐的界線「弄得模糊」。

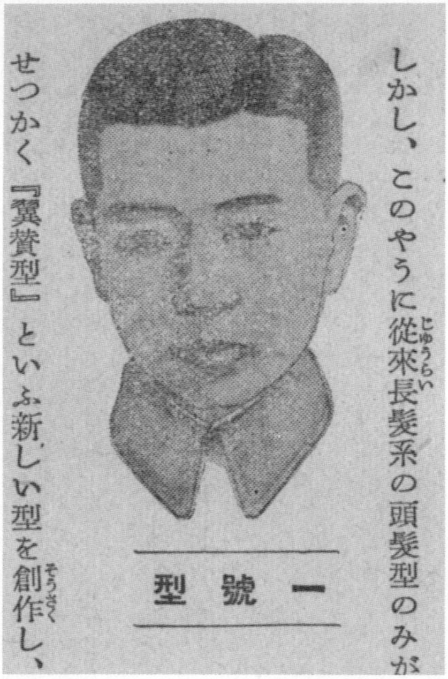
しかし、このやうに從來長髮系の頭髮型のみが
一號型
せつかく『翼賛型』といふ新しい型を創作し、

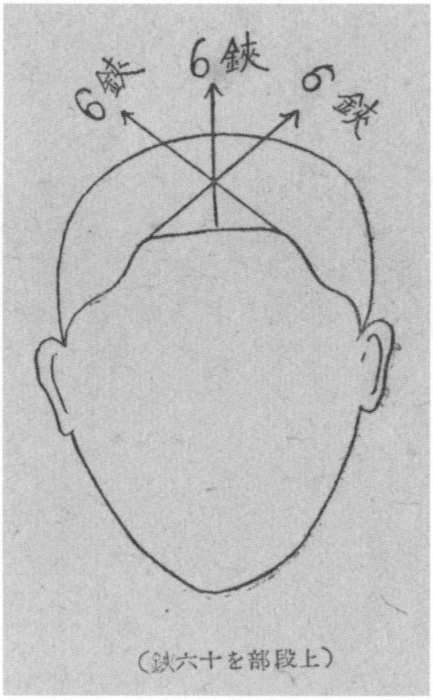
6鋏
6鋏
6鋏
（上段部を十六鋏）

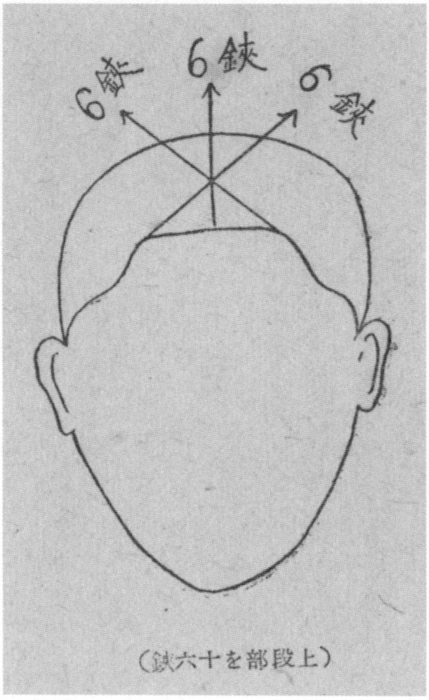
6鋏
6鋏
6鋏
（上段部を十六鋏）

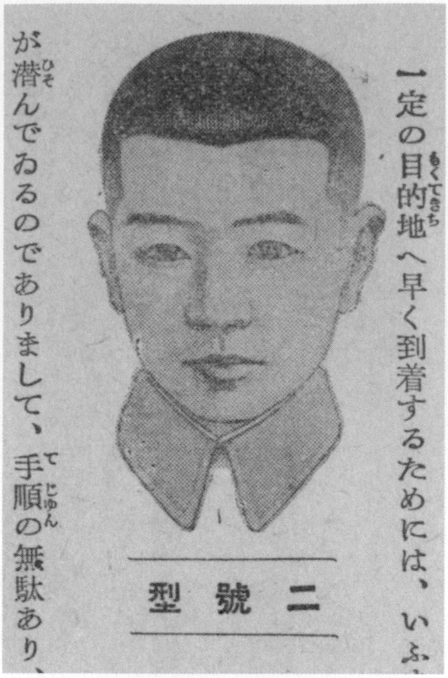
一定の目的地へ早く到着するためには、いふ
が潜んでゐるのでありまして、手順の無駄あり、
二號型

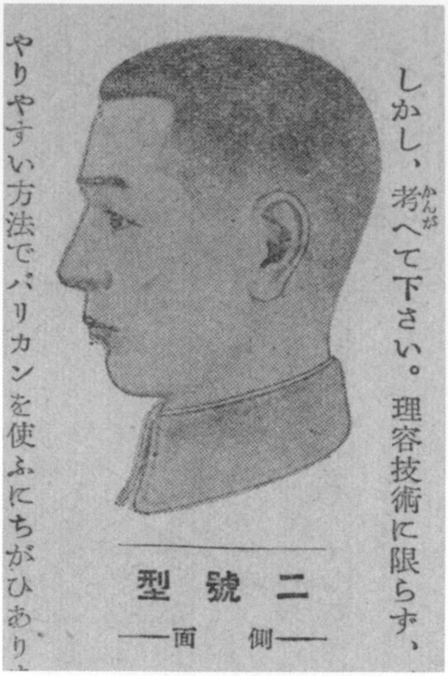
しかし、考へて下さい。理容技術に限らず、
やりやすい方法でバリカンを使ふにちがひあり
二號型
—側面—

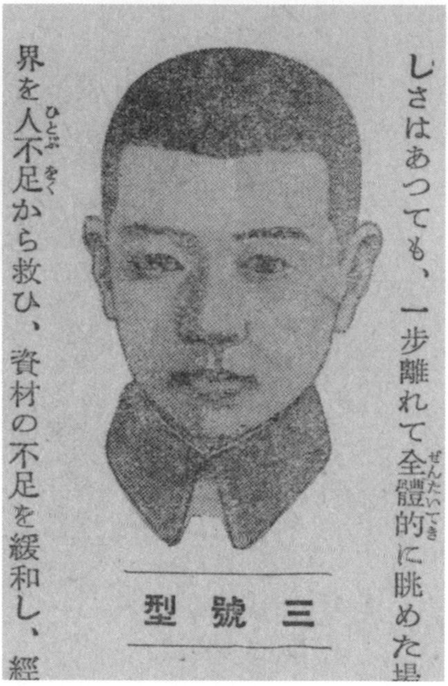
しさはあつても、一歩離れて全體的に眺めた場
界を人不足から救ひ、資材の不足を緩和し、經
三號型

時間といふ眼に見えない大きな地下資源が業
な『糞賛型』に刈つてしまうことです。みづか
三號型
—側面—

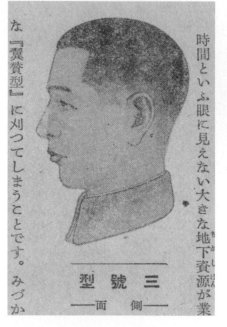

一致一寸（約三公分）的傳統平頭，較有優美圓潤的輪廓。三號型極為接近五分頭，但在髮際線以一鳌的推子讓髮際線模糊，是下了一點工夫的髮型。

這三種髮型分別加上詳細的指示，包括推法、剪刀的用法等。譬如翼贊一號型，從前髮到頭頂部是十八鋏（即喀嚓喀嚓十八次），後腦從頭往下也是十八鋏，這種指定真令人驚訝。

據說，這麼詳細的規定是為了「符合戰時下減少浪費」：①已退休的前任老闆因現任理髮店老闆出征而代打時，拿起剪刀也能夠快速上手②推法效率化，不會讓客人等候太久，能珍惜勞動戰士的時間。說明裡高調地宣示：「以後就遵循一鋏一殺主義吧！」對客人來說，真是危險極了。

總之，大日本帝國的統制欲擴及至髮型。當時進入總力戰體制的世界帝國主義國家中，有哪個國家做到這種地步？這種蔓延於神國日本的催淚白癡努力，在不久後的將來會再度以「愛國心的表現」為由而受到讚賞，我有這種不好的預感。

譯註

一、高舉「日之丸」吧！

透過宣揚國威的「日之丸」展覽會學習吧！

1．建國祭：又名「紀元節」，紀念《古事記》、《日本書紀》等所記載第一任天皇「神武天皇」的即位。

2．一九二六年勝利唱片公司在日本成立，後來在台灣製作、發行台語流行歌唱片，是台灣三〇年代中期與古倫美亞唱片分庭抗禮的唱片公司之一。

3．寶塚歌劇團：官方中文譯名為「寶塚歌舞劇團」，日本著名的女性歌舞劇團，成員皆來自專屬養成學校，由阪急電鐵股份有限公司所經營。一九一三年創辦人小林一三為增加客源而成立「寶塚歌唱隊」，一九一四年首演，其後引領了日本的少女歌劇團風潮，至今發展為花、月、雪、星、宙組與專科。百年來形成獨特的制度與傳統，貫徹「清正美」（即「清純、正直、美麗」）的基本精神。

4．笑いの王國：日本戰前的著名喜劇劇團，一九三三年成立，一九四三年解散。

5．日之丸：日本國旗的別名。

6．天長節：慶祝現任天皇生日的節日，當時是昭和天皇在任，因此訂定其生日四月二十九日為「天長節」。

7．大鐵傘：鐵製的遮雨棚。

8．佐藤春夫（一八九二—一九六四）：日本著名小說家、詩人。曾來台旅遊，並留下一系列台灣相關作品，如〈女誡扇綺談〉、〈霧社〉等。

跟著「日之丸」的主題曲跳舞吧！

1．祝祭日：國定假日，多為與天皇、皇室有關。「祝日」包括新年、紀元節、天長節及明治節（明治天皇生日，十一月三日）。「祭日」則有春季皇靈祭、神武天皇祭、秋季皇靈祭、新嘗祭等。

2．原書註：山中恒、山中典子《書かれなかった戰爭論》邊境社，二〇〇〇年，頁一三二。根據國民精神總動員中央聯盟的文書《國民精神總動員總說》。

以「日之丸」玩遊戲吧！

1．福笑：日本過年時的遊戲，先在紙上畫一張空白的臉，再以紙張製作眼睛、眉毛、嘴巴等五官。然後蒙著眼睛將五官貼在臉上。

好好珍惜日本的祝日、祭日吧！

1．「奉祝」通常用於「慶祝皇室的喜事」。

一起來唱國民協和之歌〈日之丸兄弟〉吧！

1．御稜威：天皇的威光、威力。

拿著「日之丸」突擊吧！

1．梁川剛一（一九〇二－一九八六）：畫家、雕刻家，留下許多兒童雜誌、繪本的插畫作品。

剪掉敵國的國旗吧！

1．貯金（ちょきん，chokin）與剪掉東西的狀聲詞「チョキン」（chokin）諧音。

【專欄】我們也來跳〈日之丸之歌〉！

1．西条八十（一八九二－一九七〇）：著名詩人、作詞家。
2．中山晉平（一八八七－一九五二）：著名作曲家。
3．旭日旗：日本軍旗。

二、成為好的日本人吧！

銃後就放心交給女性吧！

1．銃後：戰線後方。

這次就用〈君之代〉跳舞吧！

1．天皇機關說：認為「統治權乃歸屬於國家，而天皇只是國家的機關之一」，主要提倡者美濃部達吉（一八七三—一九四八）為憲法學者。此攻擊事件後來稱之為「天皇機關說事件」，是戰前日本重大思想打壓事件。

2．君之代：日本國歌。

3．〈君之代〉的歌詞中，「八千代」的意思是「我君（即天皇）的時代維持一千年甚至幾千年」。

4．八尺瓊勾玉：與「天叢雲之劍」、「八咫之鏡」並列為日本神話中的三神器。

抱著炸彈衝進去吧！

1．大政翼贊會：一九四〇年成立的國民統制組織，將所有政黨解散而重整的「超黨派」團體，實以一黨專政模式掌握國家政策、教育、產業、文化等各面向。

參加大詔奉戴日參加國民合唱大會吧！

1．日本放送協會：即ＮＨＫ，日本的公共媒體機構。

成為向神祈禱必勝的幼兒吧！

1．倉橋惣三（一八八二—一九五五）：日本著名的兒童心理學者。

用炸彈存錢筒為國服務吧！

1．大逆事件：發生於一九一〇年，是當局對於幸德秋水（一八七一—一九一一）等社會主義者、無政府主義者的大彈壓事件。

2．荒鷲：形容英勇的戰鬥機或飛行員。

3．壁龕：原文為「お床」、「床の間」，是日本和室中的內凹空間，用以擺置裝飾品。

為美腿美女進行軍事訓練吧！

1．大阪松竹少女歌劇團（ＯＳＳＫ）：由日本知名的表演藝術公司「松竹」成立的女性歌劇團。該公司於一九二二年成立松竹音樂劇社學生培訓所，其後逐漸發展為「大阪松竹歌劇團」（ＯＳＫ）及東京的「松竹歌劇團」（ＳＫＤ），兩者與寶塚歌劇團並稱為三大少女歌劇。與寶塚的貴族風格且偏重音樂相較，「松竹」的特徵是庶民氣息且偏重舞蹈。本書裡的「大阪松竹少女歌劇團」（ＯＳＳＫ）即「大阪松竹歌劇團」（ＯＳＫ）的前身。

遵守交通道德吧！

1．東京府：東京都的前身。

打著赤膊上課來鍛鍊身體吧！（一）

1．羅莉控：日式英語「Lolita complex」的簡稱，指對幼女少女抱持特別情感的人。

打赤膊上課鍛鍊身體吧！（二）

1．內務班教育：「內務班」是軍隊內由基層士兵構成的居住單位。「內務班教育」指的是內務班裡學長對學弟的教導，包括軍隊生活的規矩、知識，亦有對新兵的「私刑」。

【專欄】軍國之花

1．一宮房次郎（一八八四—一九四八）：政治家。

三、戰鬥到底！

1．「戰鬥到底！」的原文「撃ちてしやまむ！」，是當時的經典口號。

搞清楚敵人吧！

1．木口小平：日本戰前軍事美談的主角。甲午戰爭時從軍擔任喇叭手，被射殺時仍緊抓著喇叭，後來被改編為軍事美談並廣為流傳。

突擊吧！

1．七五三：日本特有的節日，分別在三歲（男女）、五歲（男）、七歲（女）時前往神社參拜並祈願兒童健康成長。

非常時期來個大優惠吧！

1．角隱：原文為「角隠し」，結婚時新娘戴在頭上的白色蒙頭紗。

寄羅莉系慰問明信片到戰場吧！

1．羅莉系：幼女、少女風格。
2．千人針：在白棉布條上由諸多女性以紅線分別縫上幾針，贈送給將出征的士兵，作為護身符。
3．欅掛：穿和服工作時常用的打扮，用帶子把和服的袖子挽繫起來。

聽軍艦大叔自顧自地說故事吧！

1．東鄉元帥：東鄉平八郎（一八四八—一九三四），大日本帝國海軍大將。

對日本刀抱持憧憬吧！

1．天寧島：位於馬里亞納群島南部，投下廣島、長崎原子彈的美軍轟炸機 B-29 由此島出發。
2．戊辰戰爭：一八六八年至一八六九年間明治新政府與江戶幕府舊政府之間的戰爭。

加入軍人稚兒隊吧！

1．紋付袴：男性最正式的和服裝。

來玩「衝撞遊戲」吧！

1．雙六：一種遊戲，擲骰子在圖盤上前進，最先抵達終點者獲勝。
2．吶喊：與「突貫」（「突襲敵營」之意）同音，「一邊吶喊一邊突擊敵營」的意思。

用一升瓶防備空襲吧！

1．一升約一・八公升。
2．橋田邦彥（一八八二－一九四五）：醫學者、教育者。日本戰敗後被指控為「A級戰犯」，後來服毒自殺。
3．海野十三（一八九七－一九四九）：科幻小說家、被稱為日本科幻小說始祖之一。
4．三一一大地震後引發核災，其後日本政府不斷強調輻射汙染「不至於立即有影響人體的程度」。

四、雖然搞不太清楚，但還是要有愛國心

帶著希特勒青年團爬富士山吧！

1．希特勒青年團設立於一九二六年，是德國納粹黨內的青年組織。

觀賞日劇秀《希特勒萬歲》吧！

1．日劇舞蹈團：一九三六年於日本劇場首演的舞蹈團，一九八一年解散。
2．日劇：日本劇場，位於日本有樂町。

報名參加森永日德義親善繪畫競賽吧！

1．森永製菓：創立於一八九九年，日本大型糖果零嘴製造業者。
2．松崎半三郎（一八七四－一九六一）：森永製菓第二任社長。

3．豐島園：位於東京的遊樂園。

4．一九三六年日本與德國簽訂「反對共產國際與蘇聯」的協定，翌年義大利加入後發展為「日德義防共協定」。

學習德語吧！

1．關口存男（一八九四—一九五八）：德語學者，曾參與戲劇活動。

2．大日本帝國沒有獨立的空軍。

與法西斯黨一起向富士山行最敬禮吧！

1．明治神宮：位於東京都澀谷區，一九二〇年啟用，是供奉明治天皇和昭憲皇太后靈位的神社。

2．東京市中央批發市場：今「東京都中央批發市場」前身，一九二三年日本「中央批發市場法」公布實施，同年九月關東大地震發生後，為因應多處果菜市場燒毀而設置了臨時市設魚市場（位於築地）、江東果菜市場（位於本所橫綱），其後陸續建設江東分場、神田分場，築地本場則於一九三五年正式營運。現有十一個市場。

3．陸軍士官學校：戰前日本陸軍將校養成機關。前身為一八六八年設於京都的「兵學校」，一八七四年改稱為「陸軍士官學校」，於東京的市谷開校，一九四五年廢止。

4．講道館：一八八二年由嘉納治五郎創立，是日本柔道界總本部。以柔道的研究、教育與普及為目的。

5．多摩御陵：現稱「武藏陵墓地」，位於東京都八王子市的皇室墓園。

前衛地表現「建設日本」吧！

1．大木惇夫（一八九五—一九七七）：詩人、翻譯家、作詞家，曾創作許多戰爭詩。

在新加坡蓋神社吧！

1．官幣大社：官幣神社是由官方支付幣帛的神社，而官幣大社是當中地位最高的神社。

沒收亞洲朋友的儲蓄吧！

1．貯金局（ちょきんきょく）的日文讀音。

參觀國際秘密力與共濟會展吧！

1．共濟會：原名為「Freemasonry」，自稱起源於西元前四千年，是非宗教性質的兄弟會。

唱愛國詩吟吧！

1．詩吟：以日文吟唱漢詩或和歌的藝術。

2．乃木希典（一八五〇—一九一二）：明治二十九年（一八九六）出任第三任台灣總督，明治三十一年（一八九八）離職轉任近衛師團長。日俄戰爭時為第三軍司令官，明治四十五年（一九一二，大正元年）明治天皇出殯之日，夫妻倆同時於自宅自盡，而被譽為「軍神乃木」。

3．賴山陽（一七八〇—一八三二）：江戶時代後期歷史學家、文學家、思想家、藝術家。著有《日本外史》、《日本政記》。

4・元田永孚（一八一八－一八九一）：儒學家，曾參與明治維新以後日本教育基本方針「教育敕語」的起草。

5・國分青厓（一八五七－一九四四）：詩人，大正十五年（一九二六）曾受台灣總督上山滿之進邀請來台遊歷。

為戰歿的士兵先生取戒名吧！

1・戒名：法號、法名。

2・八紘一宇意為「讓世界成為一個家」，並設想日本天皇為「大家長」。這是由國粹主義者田中智學所創造的詞彙，在一九三七年發起的「國民精神總動員」運動中被公認為大日本帝國官方的意識形態。

致決戰下鑑賞寶塚歌劇的女性們

1・出待：原文「出待ち」，寶塚的明星公演結束後，支持者在劇場外等候她們走出來，並目送其離開。

決戰！人馬一如的奉公！

1・馬券：即馬票。

國家圖書館出版品預行編目(CIP)資料

神國日本荒謬的愛國技法：一切都是為了勝利!文宣與雜誌如何為戰爭服務?大東亞戰爭下日本的真實生活 / 早川忠典作；鳳氣至純平, 許倍榕譯. -- 初版. -- 新北市：遠足文化, 2020.01
面； 公分. -- (歷史.跨域；10)
譯自：「愛国」の技法：神国日本の愛のかたち
ISBN 978-986-508-053-2(平裝)

1.日本史 2.第二次世界大戰

731.2788 108022701

特別聲明：
有關本書中的言論內容，不代表本公司／出版集團的立場及意見，由作者自行承擔文責

遠足文化 讀者回函

歷史・跨域 10

神國日本荒謬的愛國技法

作者・早川忠典 ｜**譯者**・鳳氣至純平、許倍榕｜**責任編輯**・龍傑娣｜**美術設計**・林宜賢｜**出版**・遠足文化 第二編輯部｜**社長**・郭重興｜**總編輯**・龍傑娣｜**發行人兼出版總監**・曾大福｜**發行**・遠足文化事業股份有限公司｜**電話**・02-22181417｜**傳真**・02-86672166｜**客服專線**・0800-221-029｜**E-Mail**・service@bookrep.com.tw｜**官方網站**・http://www.bookrep.com.tw｜**法律顧問**・華洋國際專利商標事務所・蘇文生律師｜**印刷**・凱林彩印股份有限公司｜**初版**・2020年1月｜**初版3刷**・2023年10月｜**定價**・380元
ISBN・978-986-508-053-2｜

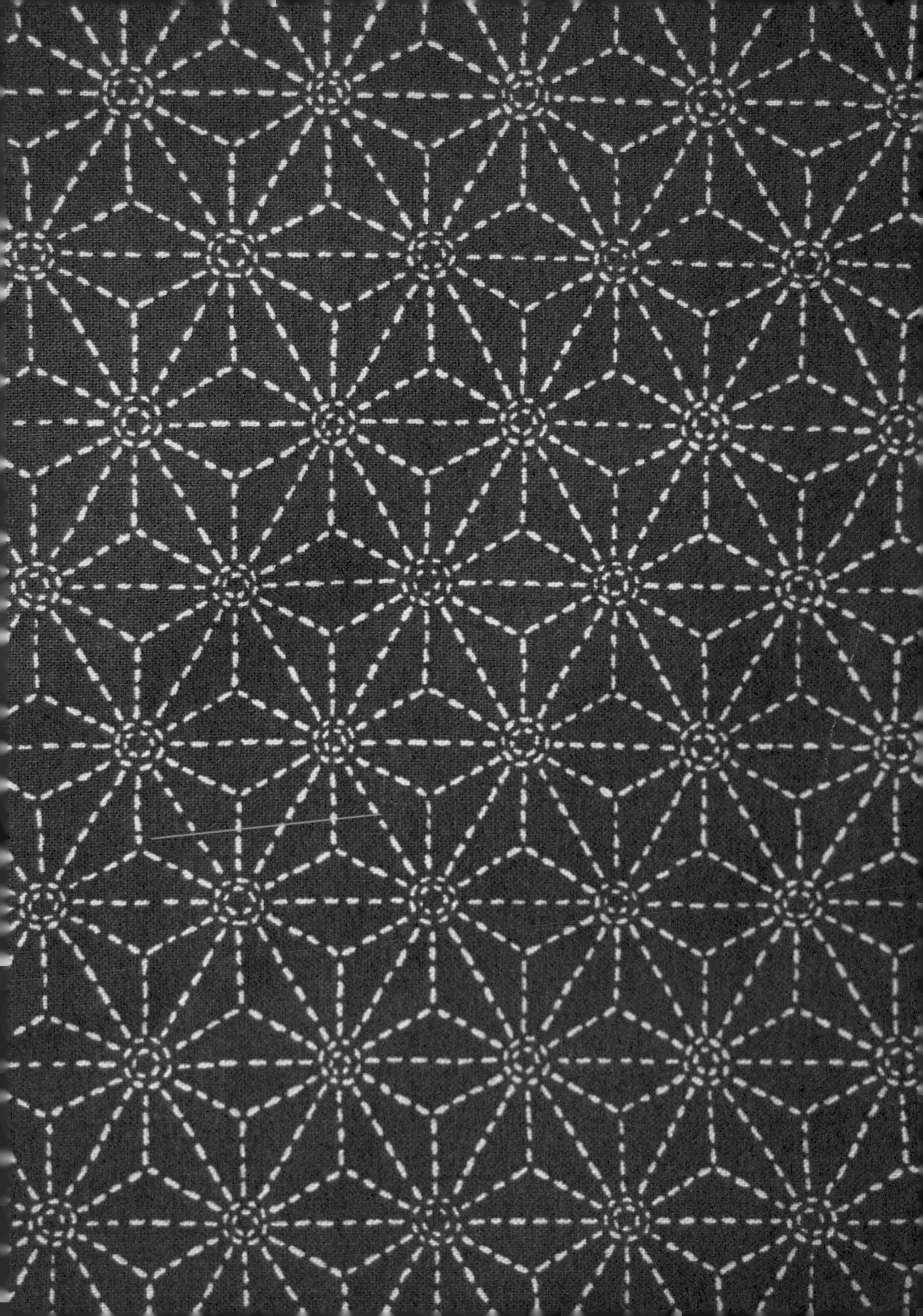